JN199135

これでは
お先まっ暗！

中田 進 編

中田 進　北出 茂　藤永のぶよ

プロローグ

　私は、働き始めたみなさんのところでお話しする機会がよくあります。そんなときこんな風に語りかけています。

「前におすわりの方、どんなお仕事ですか」

「保育士です」

「そうですか。何歳児を担当されていますか？」

「ゼロ歳児です」

「ほう、ゼロ歳ですか。クラスの名前はアヒル？」

「違います。ペンギンです」

「え！　いきなりペンギンですか。それでは1歳は熊」

「違います。小リスでした」

「そうか…残念。では2歳は子豚かな」

「違います。パンダでした」

「なるほど」

「3歳がバンビで4歳がキリン」

「わかった！　5歳はライオンでしょう」

「あたり！」（笑い）

　保育士として働きはじめたみなさんとお話ししているとなんかうれしくなります。

子どもたちの健やかな発達をねがって、働きはじめたみなさんが、いつまでも明るく元気に働き続けることを願っています。現実はどうでしょう。保育の世界にも非正規という雇用が広がり、大変な状況です。

歌を歌いながら腕を組み、歩いているうちにお風呂に。そして楽しく歌い続けながら身体を洗って…入浴を嫌うおばあちゃんの入浴介護を見事にすすめるベテランの介護福祉士さん。多くの施設で今日も心を込めたケアーが続けられています。24時間この大切なお仕事を支えるみなさんの世界にも非正規雇用が増え、そして労働条件の悪化で人手不足となり深刻な事態になっています。

いま、この国で働く人の4割が非正規という雇われ方で、若い人は5割を超えています。賃金は上がらない、残業代は支払われない、有給休暇もとれない、健康保険や年金などの社会保険も未加入、そのうえ、パワハラで心を深く傷つけられて夜も眠れず、うつになり自らの命を立つという「過労自死」も広がっています。

こうした現実に立ち向かい、NPO法人働き方ASU-NETの北出茂さんは、毎年何百件もの労働相談を受けて、団体交渉などで具体的に「解決」してきました。まさに現場で、若いみなさんと心一つに不条理な「現実」にたち向かってきました。だからこそ、北出さんは、「あきらめない」で生きることの大切さを、確信を持って語れるのだと思います。一人で悩んでおられるみなさんにとって、きっとこの本は大きな励ましになると信じております

私、中田進は四十数年、大阪の関西労働学校の講師を担当し、多くの団体の若者や高校生に、ものの見方や働くことの意味、労働組合の大切さ、生きる権利としての憲法などについて語り続けてきました。そして何万人もの若い方から感想や意見をいただき、直接対話し、ともに考え、悩んで来まし

た。

その体験をふまえ、この本でどうすればこの社会を変えることができるのか、基本的な方向と「学ぶこと」の大切さを示しました。「政治」のことや「社会」のことを深く考える一つのヒントになればと思い率直に語りました。

2011年3月11日午後2時46分、三陸沖を震源に発生した東日本大地震と大津波は大変な被害をもたらしました。大津波が街を襲い、多くの人、家、車が海に引き込まれる恐ろしい映像に心が凍りつきました。死者・行方不明は2万7千人をこえました。

東京電力福島第一原発がメルトダウンして爆発し、日本の原子力発電史上かつてない放射性物質が放出されるという重大な事故となり、いまなお何万人もの人が故郷に帰れず、つらく悲しい避難生活を送っておられます。この地震大国に54基も原発があったのですね（当時）。全ての原発を停止したにもかかわらず電力エネルギーは足りていました。なのに、この恐ろしい原発を政府は再稼働させています。

おおさか市民ネットワークの藤永のぶよさんはエネルギー・環境問題の専門家で日本各地、そして世界の多くの国を訪問し、具体的な運動にとりくんできました。

そして貴重な体験をもとに特別寄稿として、原発ゼロの洋々たる前途を示しています。

障害者のみなさん、今失業中のみなさん、子どもの頃から引きこもり、また過酷な現場で心身を病み、仕事をしておられないみなさんとも、ともに考えましょう。「この国の明日」を。

この本が、みなさんにとって明日から「人間らしく生きる」ための参考になれば幸いです。

（中田　進）

［もくじ］

イラスト　岡田しおり／カバーデザイン　かんきょうMOVE

Chapter 1

第1章 プレカリアートの焦燥 ～安心して働きつづけたい～

（北出　茂）

1 非正規労働者・派遣労働者の働き方

■非正規雇用・不安定雇用　と　貧困

こんにちは。北出です。

突然ですが、みなさんのリアルは充実していますか？

美味しいものを食べたい、遊びたい、学びたい、恋もしたい、結婚したい、家族サービスをしたい、人生を謳歌したい。

現実が充実していることを「リア充」などと言ったりします。みなさんの中にも、自分が「非・リア充」ではないか、孤立しているのではないかと悩んでいる方はおられませんか。**ある程度のお金がないと、気持ちにゆとりがなくなって、人間らしい文化的な暮らしができなくなったりします。**

充実した日々を送るためには、**お金**も必要だし、**余暇**も必要だし、**仕事**にも恵まれる必要がありそうですね。

僕は今まで、いろんな人の相談にのってきました。特に、労働相談は5年で1000件以上を受けてきました。何らかの理由で職を得にくい状況にある人や失業者された方からの相談にものってきました。

最近、**雇用の劣化**が著しいなあって思います。

非正規職の労働者の生活は困難となってしまっています。

プレカリアートという造語も市民権を得た感じがします。precarious（不安定な）からの造語で、パートタイマー、アルバイト、フリーター、契約社員、派遣社員などの非正規雇用形態で生計を立てる人を総称してプレカリアートと言います。

皆さん安心して働き続けたいですよね。でも現実には非正規などが増えて、雇用破壊と賃金破壊が進んでいます。派遣労働者や非正規など、長く働きたくても長く働けない人もたくさんいます。

「非正規で今の給料では生活できない」という相談をよく受けます。実際に、聞いてみると、非正規労働者の多くは、ダブルワークをして複数の職場で働いていることがわかります。

そんなわけで、本書では、雇用をめぐる問題について、ご一緒に考えていければと思います。

実は、僕は、個人加盟ユニオンの書記長やNPO法人「働き方ASU-NET」の理事をしてきました。そういう立場から、青年労働者の実態を踏まえた問題提起をさせていただければと思います。

数多くの相談を受け、交渉を担当してきた経験を活かしながら、現場で当事者とともに思いを共有していく中で感じたことなどを率直にお話してみますね。

一人でも入れる労働組合には、労働組合がない職場で働いている方からの相談が多くを占めます。

とりわけ、非正規社員（派遣社員、契約社員、アルバイト、パートとして働いている方）からの相談が一定の割合を占めます。

非正規社員は「都合の良い調整弁」にされている現実を、相談を受けていると否応なしに実感させられます。

ここで、いくつかの事例を紹介させていただきます。

［当事者の氏名は仮名とし、地名も伏せる場合があります。］

製造業派遣（小山さん）〈事例1－1〉

滋賀県の製造業派遣で働いていた小山さん（30代男性）は、腰椎捻挫で1週間休んだために雇い止めをされ、寮も追い出された。

求人広告には「月収30万円以上可能」と記されていた。月60時間以上残業すれば「可能」だが、残業がなければ月収は18万円程度でしかない。そこから寮費、光熱水費に加え、クーラー、テレビ、冷蔵庫、布団、毛布、枕のレンタル代まで引かれていく。毎月、ほとんど貯金をすることができず、大阪の実家に逃げるように帰ってきた時も、手持ちのお金はほとんどない状態だった。

日雇い派遣（勝川さん）〈事例1－2〉

勝川さん（20代女性）は、高校卒業後、一旦は非正規の仕事に就いたが、人間関係がうまくいかずに

3か月で退職。会社の近くに借りたアパートの賃料を支払うのが困難になった。新たに働き始めても給料が1カ月後にしか手にできないのでは、家賃すら払えなくなるため、日雇い派遣をはじめた。しかし、貯金が出来るほど稼げるわけでもなく、以後ずっと、切り詰めた生活をし続けている。

派遣労働者（矢作さん）〈事例1－3〉

～非正規社員に対する雇い止め～

【当事者】矢作さん。30代。男性。
【職　業】コールセンター会社・電話スタッフ
【相談内容】雇い止め（期間雇用で5か月での雇い止め）
【交渉相手】部長ら3名
【団体交渉】団交1回　↓　勝利解決!!
【結　果】1か月の継続雇用を勝ち取る。有給休暇を勝ち取る。

【矢作さんの履歴書】
九州の公立大学卒業
A社　正社員（システムエンジニア）
　雇用期間4年6か月
　深夜残業の連発による体調不良により退職。
　1年休職。
B社　契約社員（テレホンオペレーター）
　雇用期間1年6か月
C社　契約社員（テレホンオペレーター）
　雇用期間4年
D社　派遣社員（テレホンオペレーター）
　雇用期間1年6か月
E社　契約社員（テレホンオペレーター）
　雇用期間6か月
F社　契約社員（テレホンオペレーター）
　雇用期間4か月
G社　派遣社員（テレホンオペレーター）
　雇用期間4か月
H社　契約社員（テレホンオペレーター）
　現在

矢作さんは、E社で働いていたときに（採用のときには「長く働いてほしい」と言われて採用されたにも関わらず）、「5か月めで雇い止め、契約更新はしない」と言われて、相談に来ました。

コールセンターの電話スタッフという継続的業務（季節的業務ではない）にもかかわらず、「1か月」＋「3か月」＋「1か月」というコマ切れの短期の雇用契約を3回にわたり締結していました。

団体交渉により、「解雇の脱法的行為ではないか」と交渉して、1か月の継続雇用、有給休暇の全部取得、雇用保険の給付を勝ち取ることができました。

団体交渉により、解雇の脱法的行為ではないかと交渉。1か月の継続雇用を認めさせました。これにより、有給休暇の全部取得（6か月の継続雇用により権利発生）と雇用保険（いわゆる失業保険は会社都合退職でも6か月雇用されないと支給されない）からの給付を勝ち取ることができました。

雇用期間が「5か月」と「6か月以上」とでは大違いです。本件ではそうではなかったようですが、6か月の継続雇用により発生する有給休暇の取得を会社側が嫌って、意図的に5か月で雇い止めをしていると考えられる事例もあるようです。

矢作さんは、新卒で入った会社で正社員として働いた後は、アルバイトを除けば、契約社員、派遣社員としてずっと働いてきた経歴の持ち主です。人材派遣会社に登録して、ずっと時給1000円前後で働いてきており、H社では時給950円で働いています。

ここに挙げた矢作さんの例は決して特殊なものではなく、採用のときには「長く働いてほしい」と言われて採用されたにも関わらず、数か月後には雇い止めをされることが当然のように行なわれています。**多くの非正規労働者が、まさに、低賃金でいわば「半就労半失業」状態での不安定雇用での働かされ方を余儀なくされているのです。**

矢作さんと話していて「自分はいつかホームレスになるのではないか」「そういう恐怖にいつも怯えている」という言葉が印象的でした。

■派遣社員という働かされ方

派遣社員は「三角雇用」（派遣元に雇用され、派遣先の指揮命令を受ける）であり、「中抜き」が行われているため、よりトラブルや問題が多い雇用形態であるといえます。

ここでは、「現在派遣社員として就労している」日本全国の20～69歳の男女を対象にした派遣労働者実態調査（２０１３年3月・サンプル数４０００人・楽天リサーチ株式会社）からのデータを引用したいと思います。

これによると、派遣社員の【賃金形態】は「時給制」が85％です。

派遣社員の【時給】は、「１０００円以上１２５０円未満」が34％でトップ。【月収】は、「15万円超～20万円以下」が34％、【年収】は、「２００万円～３００万円未満」が38％です。（派遣社員の平均時給は１３７７円）。

【雇用契約期間】は、①「30日超3カ月以内」が32％、②「3カ月超6ケ月以内」が18％と続きます。つまり、**派遣社員の50％が「6ケ月以内」の雇用期間であり、いつ雇い止めにあうかわからない不安定な状態にあるわけです。**

【希望する働き方】は、「正社員として働きたい」61％と顕著。

好きな勤務地や勤務期間を選びやすいことからこそ非正規で働いている方もいるかもしれませんが、正規雇用を希望しても非正規の職にしか就けない構造と、非正規労働者が低賃金でいつ雇い止めにあうかわからない不安定な状態におかれていることは問題でしょう。派遣法では日雇い派遣は禁止です（昼間学生や主たる生計者ではない主婦などに限り可能）。しかし、相談を受けていると、40歳の「大学生」や20歳の女性を「主婦」として登録させて、日雇い派遣で働かせる脱法行為が常態化していることがわかりました。本来、派遣そのものが例外的な雇用形態であったはずですが専門26業務の枠が撤廃されたため、派遣業務は際限なく拡大してしまいました。

■ロスゼネ世代の憂鬱

〈事例1-1〉の小山さんや〈事例1-3〉の矢作さんは、昭和50年代に生まれた世代であり、子供の頃、大人たちが「バブルに踊っている風景」を見て育った、ロストゼネレーション世代（バブル経済崩壊後に社会に出た世代）です。

この世代には、製造業派遣などの劣悪な環境で働きながら、「冬の時代」を耐え忍んでいた若者が多くいます。非正規で短期雇用を繰り返しながら、いつかは景気が良くなると…そう思いながら。

しかし、「失われた20年」と呼ばれるほどに不況は長引きました。不景気や不況だけが原因だけではなく、この間、構造そのものが変化してしまっていたわけです。

フリーター第一世代はすでに40代です。経済的のみならず、精神的にも追い詰められた状態にあります。

「景気が回復すれば正社員として就職できるだろう」と思っていた人たちも、気がつけば、以前とは全く違う世界が眼前に現れたことに愕然《がくぜん》としているわけです。

2 女性労働者の働き方

■女性と貧困

母子家庭の約7割が年間就労収入200万円未満という状況があります。そして、それが子供世代にまで継承されていることに危機感をいだきます。「単身者の20歳から65歳の女性の32％が相対的貧困にあり、母子世帯の貧困率は48％にも上る」という報告もあります。

ここで、いくつかの事例を紹介させていただきます。

レジ打ちアルバイト（杉さん）〈事例1－4〉

ドラッグストアでレジ打ちのアルバイトをしているが、手取りは13万円。お店から「シフトを減らしてもらえないか」と言われて相談にきた。子どもが熱を出したときに休んだのが原因ではないかと思っている。正社員への転職を目指すが、容易ではない。「将来のことを考えると不安でたまらない」（30代女性）

学生アルバイト（香具さん）〈事例1－5〉

大学生。バイト先の給料不払いで相談にきた。就活をしているが全く決まらない。うつぎみになっている。「就活もお金がかかるので、昔買ったバッグや洋服をネットオークションで売って生活費に回しています」（20代女性）

■母子所帯の貧困の連鎖

貧困状態に陥ってしまうと、精神的にとても追い込まれてしまいます。**経済的な苦しさ**以上に、**精神的な苦しさ**が、重くのしかかって、夜、眠れなくなったりします。

1年間、親子で月収15万円以下の生活を続けてみてください。不安がつのり、希望がなく、誰でもうつ状態になってきます。

貧困は女性やシングルマザーだけの問題ではありません。でも、女性は育児や介護などで就業を中断しやすく、税制・社会保障制度による就業調整の影響もあって、低収入で不安定な非正規雇用につきやすい就業構造があります。

特に、母子家庭で育った子どもが、大人になって貧困状態に陥るという、いわば「貧困の連鎖」ともいうべき状況を目の当たりにします。

ここで、ひとつの事例を紹介させていただきます。

ガールズバー（久田さん）〈事例1-6〉

～昼と夜のダブルワーカー～

【当 事 者】久田さん。20代。女性。
【職　　業】会社＋ガールズバー
【相談内容】賃金未払い
【交渉相手】店長
【団体交渉】団交3回　↓　勝利解決!!
【結　　果】賃金の支払い

久田さんは、b店で働いていたときに、2か月分の給料を未払いにされて、相談に来ました。

団体交渉により、給付を勝ち取ることができました。

久田さんは、新卒で入った会社で正社員として働いた後、昼間は会社員、夜は飲食・風俗店で働いてきました。比較的地味で、社交的というよりは少し人見知りするタイプの印象を受けました。

僕は久田さんに尋ねました。

「26歳という年齢で、このような働き方をしなければならないのには、何か理由がおありのなのではないですか」

久田さんは「今の生活のお話をするには私の生い立ちから話さなければなりません」と語りだしました。

【久田さんの履歴書】

関西の私立の短期大学卒業
I社　正社員（事務）
　雇用期間6年～（現在）
a店　アルバイト（キャバクラ）
　雇用期間2年
b店　アルバイト（ガールズバー）
　雇用期間2年
c店　アルバイト（ガールズバー）
　雇用期間1年～（現在）

彼女が小学校4年生のとき、父親が事業に失敗し、大きな借金をのこし母親と彼女を含む3人の子供たちを残し失踪したそうです。そして、金融業者からの取り立てにおびえて暮らした小学、中学時代のこと。

母親は借金を返し、子供たちを育てるために7つものバイトをかけもちして、働きづめに働いたこと。

彼女も中学・高校・短大とバイトをしながら学費を稼いできたそうです。

短大を卒業し、正社員となったが、職場の人間関係から入社2年目に躁うつ病になります。そのため1年半休職し、職場復帰したものの、職場環境が改善されることがないなか、今度はストレスから摂食障害になった。

この頃、同居していた妹が結婚のため出て行ったことによる家賃の負担増などから、彼女はキャバクラやガールズバーで働きはじめます。

久田さんの正社員としての給与は入社6年で手取り15万円。ガールズバーの収入は週5日、1日4時間勤務で月9万円。

生活費は家賃6万のほか、奨学金ローン、医療費ローンも抱えており厳しい。

僕は久田さんに尋ねました。

「あなたの貧困は、政治の貧困に由来しているんじゃないですか?」「今の政治や社会に対して言いたいことや望むことって何ですか」

久田さんからは「何もありません」という答えが返ってきました。「今のこの社会の決まりのなかで生きるということであきらめています。」そう言ってから、彼女は窓の外に目を移し、ぼんやりと、こう呟きました。

「生きるのに必死で社会を見ることができないのかも」

久田さんは昼の事務職の仕事に就くことができましたが、職場のストレスから躁うつ病、摂食障害にかかり、今度は医療費の負担からダブルワークをせざるを得なくなりました。母子所帯の貧困の固定化、連鎖の一例と言えます。

キャバクラ嬢（舞衣さん）〈事例1－7〉

舞衣さんは、父親のいない家庭で育ちました。経済的に自立したかったこともあり、高校中退後、夜のお店で働き始めました。ところが、客のツケを本人の借金とする業界のシステムによって、舞衣さんは借用書にサインをしてしまいます。

その後、ストレスからホストにはまるようになった彼女は、消費者金融の借金地獄に陥っていきます。家賃が払えなくなってからは、男の家で生活していたものの、その後は、ネットカフェで寝泊まりするようになります。マクドナルドで１００円のコーヒーで仮眠をとったことも。体を横にして寝られないような、ネットカフェ難民を1年近く続け、深夜に徘徊していたところを保護されました。その後、解離性人格障害に罹患していることが判明。ようやく生活保護を受けました。

「ほかに働くところがないから」「ほかでは稼げないから」**「自分はそんなに価値のある人間ではないから」**

なぜ、キャバクラで働くことをえらんだのかという問いに対する彼女の答えです。

舞衣さんのような例は決して特殊な例ではなく、ネオン街で働く女性の多くは生活苦から働きだしているといいます。

やはり、母子所帯の貧困の固定化、連鎖の一例と言えます。

3 雇用破壊と賃金破壊

■貧困はつくられてきた

かつて、日本社会は、1980年代までは、新規学卒は正社員で就職するのが当たり前で、若者は「完全雇用」に近い状況でした。

ところが、国の政策として、正社員を減らして非正規に置き換える施策がどんどん推し進められてきました。この20年ほどだけを見ても、正規が500万人減少。非正規が700万人以上の増加です。

ちょっと紹介しますと、2014年末で非正規雇用がついに2000万人を突破しました。労働者の4割が非正規で、若者や女性では5割を超えています。

景気回復が喧伝されているけど、10人が正社員を望んでも4人はなれない状況に変わりはないわけです。

そして、非正規のほとんどは年収200万円以下で生活をしています。

今、並べたのは「勤労統計」(厚生労働省)からのデータです。ただ、僕は「数字」はあまり好きではありません。だって、数字には血肉が通わないから。大切なのは、数字の背後にあるひとりひとりの人間の暮らしであり、思いなんです。そこから痛みを感じ取れるかどうかなんです。

こんな社会に誰がしたのか。

格差拡大、雇用流動化社会では大多数の人間が不幸になります。

今、この国に必要なものは、格差の解消と貧困の解消。それなのに、現実は逆で、富める者はますます富を独占し、貧しいものはますます困窮のどん底へ追いやられようとしているように思われてなりません。

政府は、なぜ、格差を拡大し固定化するような働き方をあえて提唱するのでしょうか。

労働相談を続ける中で、見えてきたものは、非正規の貧困。若者の貧困。

ひとりひとりと向き合えば向き合うほど、見えてきたものは、この国の政治の貧困です。

■非正規の労働相談の特徴

さて、この章では、非正規労働者の実態を中心にお話をさせていただきました。

労働相談をしていて感じたことなのですが、非正規の方からの労働相談には顕著な特徴があります。

第一に「リピーター」が多い。定期的に労働相談の電話をかけてくるわけです。

非正規社員は、「期間の定めのある雇用」だから、定期的に失業することがあらかじめ予定されています。いわば、「半失業・半就業」の状態で過ごし続けなければならない。

さっき、「勤労統計」を紹介しましたけど、年収200万円以下という「経済的な苦しさ」以上に、非正規労働者は「精神的な苦しさ」を抱え込んでしまっているんです。僕は自分も非正規を経験してきたから、非正規の相談者の気持ちが痛いほどによくわかるんです。就活（シュウカツ）に苦しみ、婚活（コンカツ）に苦しみ、生活（セイカツ）に苦しむんです。

第二の特徴として、深い孤独を抱えていることです。昔と比べて、人間関係がどんどん希薄化していってるんじゃないか。ヒアリングをしていて思うんです。若者たちが職場のなかでホントに孤立しやすい環境におかれているんだなぁって。非正規社員は、特にひどい状態にある。就職して1ヵ月くらい研修を受けたら、すぐにほかの会社に派遣されてしまったりする。周りも別の派遣会社からバラバラにきた社員ばかりで、どんどん変わっていく。回転ドアでぐるぐる回っているうちに、気が付けば、自分がぽつんと一人しかいない…。一人ぼっちで派遣されて、愚痴ひとつ聞いてもらえる人がいない状態を当たり前のものとして受け入れなければならない。

想像してください。愚痴をきいてもらえる同僚がいない。

そりゃあ、僕のところに、電話をかけてきますよ。

■あなたには価値がある　～かけがえのないあなたのために～

相談者は自信を無くして、電話をかけてきたり、面談を依頼したり、するわけです。

でもね、人間は「生まれ持ったモノ」や「育った環境」がひとりひとり全員違うわけだから、強い部分も弱い部分も両方とも持っている。

どんな人でも、この世界にたった一人しかいない、かけがえのない存在なんです。

僕は、人間の弱さを肯定したいんです。僕は、良き理解者でありたいんです。

でもね、弱さを、言い訳のためだけに使う人には、ハッキリと言いますよ。

弱さを、前進しない言い訳のためだけに使うのはどうなんだろうって。

人間は、進化するために弱く作られているんじゃないのかなって。

僕は、困難な中でも、何かを変えるために立ち上がる人たちをたくさん応援してきました。

そして、僕自身も、魅力的な方々とともに、法律をつくったり、行政に働きかけたり、マスコミに出演したりと、世の中を少しでも変えたいという思いで、これまでやってきました。たくさんの人に背中を押してもらい、応援してもらいながら。

だから、まずは一歩、踏み出すことからはじめよう。

大丈夫!!

たとえ「お先まっ暗」であったとしても、長い長いトンネルを抜けると、目の前には、まばゆい光の射す風景が現れます。

そこには、まったく新しい世界が広がっているのだから。

Chapter 2

第2章 人間らしく働き生きる権利

（中田　進）

1　憲法から考えよう

みなさん！

北出さんのお話、いかがでしたか。非正規で働く若い仲間のみなさんの深刻な様子…ほんとうにつらくなりますね。

さて、みなさん自身の毎日はいかがですか。人間らしく働き、生きていますか。若い人たちに、こんな社会を作った大人たちの一人として責任を感じます。

年配のみなさんがいつもおっしゃいます。「昔はこんなんではなかった」「非正規なんて言葉もなかった」

そうなんです。4月に入社し働き始めた若者はみんな「正規」で、先輩たちは優しく、時には厳しく仕事を教えていました。毎年四月には賃金が上がり、夏と冬にはボーナスがでて、本人がその気なら、定年退職までゆっくり働き続けることができました。何歳になればいくらの賃金が、退職金はいくらとか計算ができ、人生のプランを立てることができました。

いつからこんなにひどい国になったのでしょうね。

その仕組みと歴史をみなさんとともにじっくり考えましょう。

北出さんのいうように、みなさんはかけがえのない一人、個人として生きています

まず、人間らしく生きる権利を根本から考えましょう

「人間らしく生きているかどうか」の**「基準」**をみなさんは何におきますか。人それぞれでしょうが、**憲法**を基準に考えてみましょう。

そもそも憲法は、むかし、王様や権力者の横暴を規制するために誕生しました。国民の生きる権利をたたかう中で一つ一つ勝ち取り、権力を縛るために、「憲法」を育んできたのです。憲法にもとづく政治を「立憲主義」と呼んでいます。

戦後の日本国憲法は世界のなかでも平和主義・民主主義の香り高いもので、この憲法を「基準」に働き生きる権利を考えていきましょう。

■憲法の誕生

私たち日本の国は明治・大正・昭和と、朝鮮や台湾・中国・東南アジアに侵略戦争を繰り返してきました。１９４１年12月にはついに帝国海軍がハワイの真珠湾を奇襲攻撃しアメリカとの全面戦争が始まり、１９４５年３月には東京・大阪を始め多くの街がＢ29による空襲で焦土と化しました。６月には沖縄では地上戦となり、県民の四人に一人の命が奪われました。８月には広島・長崎に原爆が投

下され21万人の命が奪われ、生きぬいたみなさんは今もヒバクシャとして苦しい毎日を送っておられます。また200万人を超える男性が戦場で悲惨な最期を遂げ、数え切れないほど多くの女性が息子を、夫を奪われ、また生涯未婚のまま生きる…この悲しい「戦後」がいまも続いていることを、若いみなさんはどう思われますか。

8月14日に日本政府はポツダム宣言を受諾し15日敗戦。日本が起こした戦争は2000万人のアジアの人々の命を奪い、310万人の国民の命が奪われました。それまで日本はアジアの人々の土地を奪い、自由と命を奪い残虐な支配を続けました。他の民族の自由を奪う国は、自分の国の国民の自由も奪うのが法則です。戦時中、国民のあらゆる自由は奪われ、生活も家族も人生も全てが破壊されました。戦後70年以上を経たいまも、映像や文学やアートで、また歴史的な資料でもくり返し戦争が「再現」され、見るたびに胸が痛みます。

この痛恨の歴史を反省し二度と再び戦争をしないことを世界に誓い、いまの憲法が誕生しました。憲法前文には**「政府の行為によって再び戦争の惨禍がおこらないようにすることを決意し」**とあります。

この誇り高い憲法は「国家の根本的な仕組みや国民の権利」を示しています。

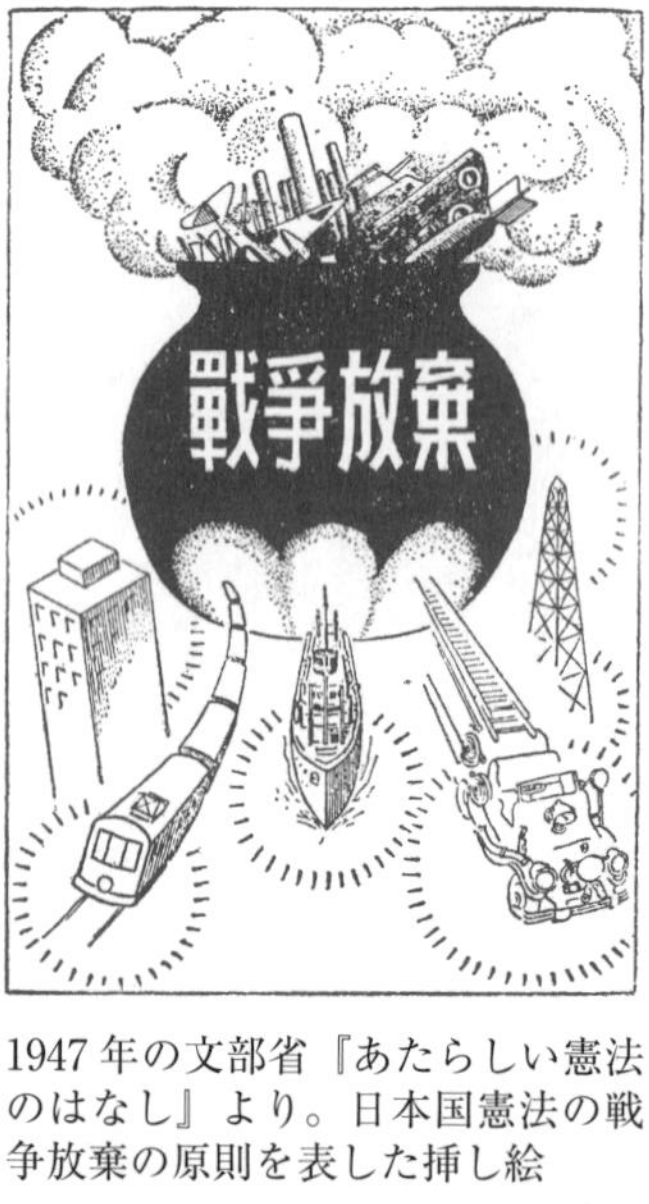

1947年の文部省『あたらしい憲法のはなし』より。日本国憲法の戦争放棄の原則を表した挿し絵

■「個人の尊重」とは

北出さんの示された事例のなかで、大切な「一人の人間」がいかにひどい扱いを受けているか。ほんとうにくやしいですね。

一人の人間、みなさんも世界に一人しかいない「個人」です。たった一度の人生を生きています。その一人の人間として生きる権利を、どこまでも大切にしてほしいという願いが**憲法第13条**に込められています

「すべて国民は、個人として尊重される。生命、自由及び幸福追求に対する国民の権利については、公共の福祉に反しない限り、立法その他の国政の上で、最大限に尊重されなければならない」

憲法に「あなた」、ほかでもない「あなた個人」のことがこんなにもはっきりと示されていたことをご存知でしたか。

この「個人」をだれが尊重しなければならないか、みなさんわかりますか。よく読んでください。「立法」その他「国政」の上で「最大限」に「尊重」されなければならないとあります。立法とは何でしょう、国民から選挙で選ばれた国会議員はじめ議員のみなさんが法律を決めます。内閣は法律の原案をつくり、国会で審議され決められた法律のもとで行政をします。総理大臣をはじめ各大臣や国会議員、そして国政にかかわる全ての公務員のみなさんが、国民のみなさんの一人ひとりを「最大限」尊重しなければならないのです。みなさんには幸せに生きる権利があり、権力を持つ人はその権利を尊重し擁護する義務があるのです。

憲法の最高法規10章にある第99条には**「天皇又は摂政及び国務大臣、国会議員、裁判官その他公務員は、この憲法を尊重し擁護する義務を負う」**とあります。すごいでしょう。

でも現実は、いまこの国の大臣が「尊重・擁護」しているとは到底思えませんね。
さて人間らしく「生きる権利」、「働く権利」とはなにかを考えましょう。

■「生きる権利」とは

憲法第25条に「人間らしく生きる権利」が示されています。

「すべて国民は、健康で文化的な最低限度の生活を営む権利を有する」とあります。健康で生きるとは、もちろん「心も身体」も元気であることです。「心」はどんなときに元気になりますか。人間は人と人のつながりで生きています。家族や友人、職場や学園、地域のいろいろな人との人間関係の中で生きていますね。信頼し合い、助け合って楽しく生きる居場所があれば素敵ですね。音楽・お芝居・映画や文学、ファッション、美術の世界も、スポーツ・文化の趣味豊かな世界を人類は長い歴史のなかで育くんできました。そして、「感じる力」や「考える力」を磨いてきました。ただ「生きている」だけではなく「文化的な生活を送る」ことが「人間らしい」条件の一つでしょうね。大好きなグループを追っかけ、コンサートで至福のひと時を過ごしておられる方もいらっしゃるでしょうね。ある学習会で——

「どんな文化で元気になりますかと」とすこし年配の女性に尋ねましたら

「嵐！」とひとこと。びっくりしました。

「おいくら？」とたずねたら

「８５００円！」と。

文化って結構お金がかかるもんなんですね。

「文化的な」という憲法の一言には深い意味があるのでしょう。文化的な生活を営むにはもちろん経済的な基盤が必要です。お金や時間はもちろん社会的な制度や施設や多くの条件がなくてはなりませんね。芸術家、文化に携わるスタッフ、スポーツのアスリートなど多くの人を育て、その暮らしや人生を保障する文化予算を国と財界の責任で、もっと増額して、国民みんなに「感動」や「元気」を与える国にしたいですね。

ところで生きるためにはなんといっても先立つ物は「お金」。これがなければ生きていけません。「お金」は働いて「賃金」として受け取り、生きることができます。「働くこと」と「生きる」ことは深く結びついています。高齢や障害など様々な理由で「働くことが」困難で収入のない場合は、国の責任で社会が保障しましょうと第25条の後半に明記されています。

「国は、すべての生活部面について、社会福祉、社会保障、及び公衆衛生の向上及び増進に努めなければならない」とあります。社会保障は「ほどこし」やお金で買う「商品」ではなく生きる権利であり、「向上と増進」とはつまり制度をよくして予算を増やしなさいと行政に迫っているのです。憲法のこの25条の部分は、占領軍の総司令部ＧＨＱが準備した憲法原案にはなく、国会で「憲法研究会」（1945年年末に憲法案を鈴木安蔵が中心に作成）のメンバーの一人であった森戸辰男議員が追加することを提案しました。

人生のなかで事故にあったり、病気になったり、会社が倒産したり、解雇されたり、いろいろ大変なことがありますね。そんな時に医療保険制度や年金制度、雇用保険制度、障害者福祉・老人福祉・児童福祉・生活保護・労災補償などの諸制度のもとでセーフティネットとして生きる権利が保障されています。各種保険制度や医療機関や福祉施設など、国民の運動ですこしずつ広がり予算もそれなりに保障されてきました。

■社会保障の切り捨て

ところがこの30年、社会保障の制度が大きく後退し、予算も大幅に削られてきました。そのため、利用者の負担は大きくなり、制度を支える施設や担い手の専門スタッフの労働条件がひどくなり、働きがいを奪っています。

少し専門的な事例ですがおつきあいくださいね。

２０１５年の介護報酬のマイナス改定で事業所の経営が苦境に追い込まれ、職員を確保できず、特別養護老人ホームを新たに開設できない事態も。２０１８年の改定では利用制限を検討。訪問介護で調理や掃除などの「生活援助」の利用回数制限も。「自立重視」の名で介護保険からの〝卒業〟も。保険料を引き上げ、サービスを制限するという国家的詐欺ですね。

医療機関の経営を左右する診療報酬も相次ぐマイナス改定で閉鎖せざるを得なくなった診療所や病院が相次ぎ、産科医が不足し出産する場所がなくなる「医療崩壊」という事態も。さらにマイナス改定で手厚い看護の「患者７人に看護師１人」の病床を減らすことを加速しようとしています。

みなさん！　生きる権利として大切な生活保護も大変です。生活保護費の大幅減額を狙っています。非正規が激増し「一般低所得世帯」の暮らしが大変です。その一般低所得世帯と、生活保護世帯の受給額を比べ、保護世帯の受け取る額が多いから下げるという理屈です。みなさん、おかしいでしょう。一般低所得世帯は、本来なら生活保護を受けるべき生活水準なのに、制度の不備などで生活保護を利用できない世帯がいっぱいあるのです。いま必要なのは、扶助のカットではなく、一般低所得世帯にも生活保護世帯にも必要な支援を行うことですね。

憲法第25条に基づき、暮らしの底上げをはかり、「引き下げ」の悪循環を断ち切ることです。生活扶助の削減の影響は生活保護世帯にとどまりません。低所得家庭の子どもへの就学援助、最低賃金など一般の世帯にかかわる諸制度の給付水準を決めるモノサシとなっており、広がりは深刻です。厚生労働省が狙う、一人親世帯への「母子加算」減額は「犯罪です」。ひとり親母子家庭の子どもの貧困が社会問題となっています。夏休みのあとげっそり痩せてくる子どももいます。給食が生きる支えなんでしょうか。暮らしの「土台」を崩す、扶助や加算のカットは人間のすることではありません。安倍首相の人間性を疑います。

２０１２年末の総選挙で自民党は生活保護費の「原則１割カット」を政権公約に明記しています。安倍晋三首相は政権復帰以降、毎年のように生活保護の削減と制度改悪を繰り返してきました。とくに13年から3年にわたり過去最大規模の生活扶助カットを強行したのです。またもや容赦ない削減計画を持ち出す安倍政権の姿勢は異常という他ありません。国民に「健康で文化的な最低限度の生活」を保障する憲法第25条を生かす政治こそ政府の義務ではないでしょうか。


みなさん、いきなり憲法の解説になってしまいましたが、「人間らしく生きる権利」を考える時、この憲法を基準に考えることが大切なことと思ったのです。

さて「非正規の仲間」たちを苦しめているこの現実は、やはり憲法の「働く権利」を基準に考えましょう。

2 「働く権利」を考えよう

「もちろん、何か世の中がおかしいと感じていますが、『憲法』なんかと結びつけて考える人はほとんどいませんよ。『不満』を感じる余裕もないほど働きつづけ、スマホをみることはあっても、じっくり『自分のこと・社会のこと』など、考える余裕なんかありません」という声も聞きます。

なるほど。そこでなんとか、この本をきっかけに、時間をとって考えてみましょう。「自分は分かっている」という仲間も、「こんなこと考えたこともない」という若い仲間とも語りあい、考えていただければ幸いです。

さて、この憲法では、「働くこと」について二つの権利を保障しています。

一つは第27条。

「すべて国民は、勤労の権利を有し、義務を負う」「賃金、就業時間、休息その他の勤労条件に関する基準は、法律でこれを定める」。

いまひとつは第28条。

「勤労者の団結する権利及び団体交渉その他団体行動をする権利はこれを保障する。」この二つです。28条は、「すべて国民」から始まらず、「勤労者の…」とあります。まさに「働く人びと」を対象にした権利を保障しています。労働組合を作り、雇い主と話し合い（団体交渉）をし、働く条件を改善するためにはストライキを含む（団体行動）をする権利も保障されています。すごいでしょう！

27条に「賃金、就業時間、休息その他の勤労条件に関する基準は法律で定める」とありますが、基準となる法律が労働基準法などです。

労働基準法の第一条に**「労働条件は、労働者が人たるに値する生活を営むための必要を充たすべきものでなければならない。」**とあります。

「人たるに値する生活」を営むには毎月いくらぐらいの賃金がいるのでしょうか。全労連のみなさんが各地で調査しています。食・住・衣でかかるお金をすべて足し算して最低生計費を算出すると、全国どこでも一人暮らしでは月に22～25万円必要です。男性はたくさん食べて食費が多いかもしれないけど、女性はお化粧代などがかかる（「美しくなりたい！」というのは正当な要求です）。女性の賃金が低いのは不当です。また、都会は家賃が高いけど、地方では自動車が必要で維持費もかさみます。最低賃金は全国一律にするべきです。

お金の次に大切な条件は時間ですね。就業時間は「一日8時間・週40時間（以内）」と定められています。

みなさんの一ヶ月の賃金はいくらですか？一日、8時間は守られていますか？。

現実は、本当に厳しいですね。その原因は社会のしくみにあります。

図表1　月額最低生計費の試算

（25歳単身者、税込み）

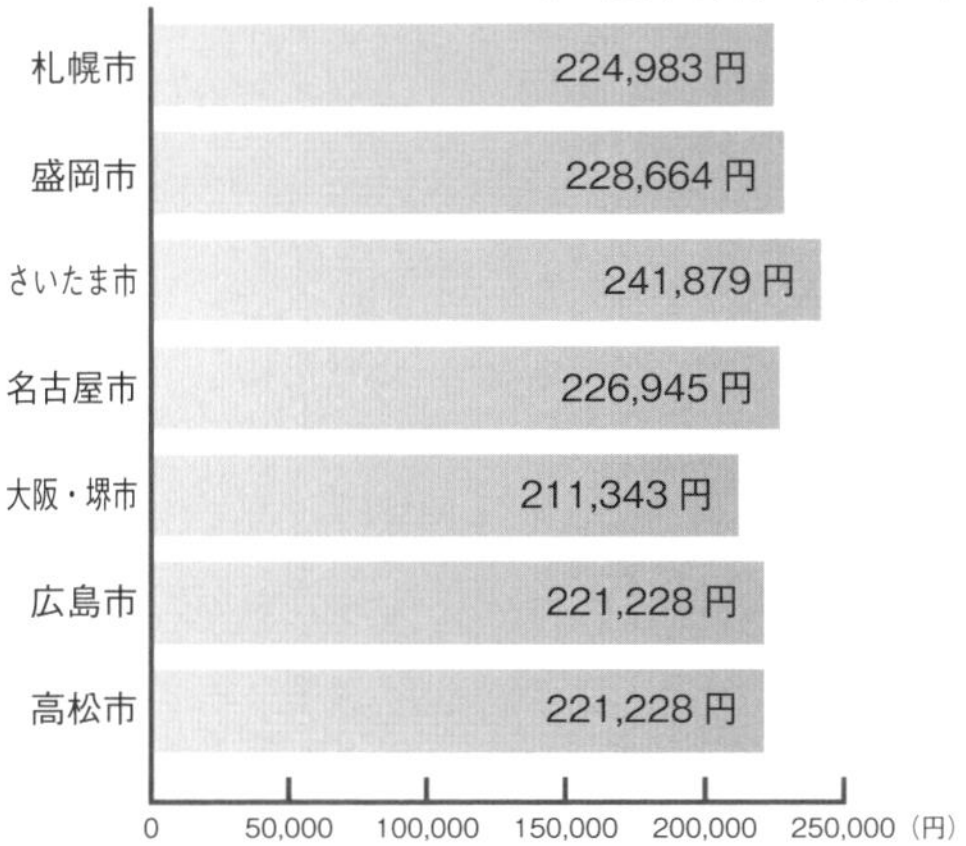

（出所）全労連調べ（2017年発表）

3 働きがいを奪う「社会のしくみ」

私たちは資本主義という仕組みの社会に生きています。幸せに人間らしく生きる条件はこの資本主義という仕組みと深く関わっています。

仕組みのお勉強はちょっと理屈っぽいですがついてきてくださいね。

■働くとは「労働力」を売ること

生きるために何が必要でしょうか。衣・食・住などの基本的な生活のための手段ですね。資本主義社会では、生きるのに必要な生活手段がすべて商品というかたちで存在しています。それはおカネと交換で手に入ります。そのおカネは何か商品を売って手に入れることができます。

みなさんはおカネと交換できる商品を持っておられますか。

労働者が売ることができる商品とはなんでしょう？　自分の身体に宿る「知的肉体的な働く力・**労働力**」だけですね。それを商品として売り、その代償として賃金を受け取り、その賃金で生活に必要なものを買って生きています。

土地・工場・機械・原料など商品の生産に必要な手段を所有しているのは資本家です。資本家は労働者を雇い労働力を生産手段と結びつけ、つまり働かせ、商品をつくり、それを売って利益を得ています。資本家は労働者に「労働力商品」の生産費、つまり生活費だけを賃金として支払いますが、労働者は自分と家族の生活費（労働力の価値）を超えた価値・**剰余価値**をつくり出します。資本家はその剰余価値を奪い取ります。これを**「搾取」**といいます。

■働くことがつらいのはなぜ

ところで資本主義社会での「労働」には深刻な矛盾があります。

○苦労して生み出した「労働生産物」は労働者のものにはなりません。

○働きがいを求めても「労働そのもの」がむなしくつらいものになります。

○そして労働の過程で「人間らしさ」がいっぱい奪われ、

○同じ人間どうしなのに資本家と労働者は「敵対的な関係」になり、ときには「労働者と労働者が対立し競争する」という悲しいことになります。

若きマルクスはこれを**「労働の疎外」**とよび、それが資本主義という仕組みからくるものだと告発したのです。

資本主義社会では、工場や機械などの生産手段を所有するかどうかで、**資本家階級**という人間集団と**労働者階級**という人間集団が成立します。二つの階級は経済的に対立し、たたかうことになります。搾取する者とされる者とのたたかいです。このたたかいを**階級闘争**といいます。

学校を卒業し、就職し、働き始めるということは労働者階級の一員としての人生を歩み始めるということです。親から経済的に自立し、仕事を覚え、社会が必要とする仕事で成長しながら、毎日、「社会に役立つ」日々を送るということは誇りでもあり喜びでもあります。しかし「就職する」ということは、資本主義という「利潤最優先」の社会の仕組みのなかでは**「搾取」されるところに身をおくと**

いうことです。

幸い就職活動がうまくいって、友人や親族からも祝福され、これで安心して生活・人生の設計ができ「ほっと」した気持ちになれますね。

でもその現場では過酷な「搾取」が待っているというのはなんともつらいことですね。医療・福祉・教育などの分野で働く人も、国民の財産である国家財政が大企業の利益のために使われ福祉・教育の予算が大きく削られ、大きな意味で「財界」から搾取される立場にあるのです。患者さんに医療のサービスを、高齢者や障害者などの利用者には介護などの支援を、そして子どもたちの健やかな発達のための保育や教育のサービスを与えるなど、本来はとても「やりがいのある」仕事なのに公的施設も民間も、大変な労働条件でこの分野の労働者の心も身体も破壊されています。

4 労働組合ってなに？

みなさん。労働組合っていう言葉を知っていてもピンときませんね。職場にはほとんど労働組合がなくて、あっても「よくわからない」のが現実です。

この資本主義という利潤最優先、搾取の仕組みのこの社会でどう生きたらいいのでしょうか。世界の労働者が長い歴史のなかで答えを示してくれました。労働者は人間らしく生きるために、**労働組合**という組織に団結することを学びました。

■労働組合は世界を変えてきた

世界ではじめて労働組合が誕生したのはイギリスです。

なぜイギリスなのでしょうか。1760年代にイギリスでは産業革命により道具にかわって機械が導入されました。道具を使いこなす熟練労働者より機械が中心になり、工場主は利潤最優先で労働者を支配しました。長時間・過密な労働が強いられ、心も身体も破壊され、命も奪われました。マルクスの『資本論』（第1部第23章）によれば、19世紀のマンチェスター市の労働者階級の平均寿命は17歳、リヴァプール市では15歳だったそうです。

この非人間的な労働条件のもとで、怒りや不満は蓄積し、やむにやまれぬ気持ちで労働者は抵抗に立ち上がりました。盗みや暴力で、時には集団的な暴動という手段も行使しましたが、権力による弾圧の前に成果がありません。労働者は競争と分断による支配に屈せず、「数の力」を一つにして労働組合（UNION）を組織しました。そして「労働力という商品」を売らない、つまりストライキという手段による抵抗が大きな力を発揮することに目覚めました。

ところが資本家階級は政府を動かし1799年に**団結禁止法**という法律で労働組合に団結することは犯罪であるとし、指導者を逮捕投獄し弾圧しました。

しかしイギリスの労働者は不屈にたたかいつづけ25年後、1824年に団結禁止法を撤廃させ労働組合を合法化させました。すごいでしょう！　労働時間短縮のたたかいもすすめ1906年にはついに「ストライキの権利」もかちとりました。

それから後、労働組合は世界に広がり1919年ILO（国際労働機関）という国際組織も誕生し、経営者・政府・労働組合の代表により国際的な「働くルール」を確立しました。世界の労働者の、命をかけた長い階級闘争の歴史のなかで勝ち取られた国際的な基準が、日本国憲法の第27条の「働く権利」・第28条の「団結権・団体交渉権・ストライキなどの団体行動権」の基本になっているのです。

■日本でも未来を切りひらく労働組合運動

労働組合がありたたかっている職場では、有給休暇がちゃんととれ労働条件も改善されています。賃上げや時間短縮をかちとり解雇などの不当な攻撃も阻止できる力があります。

突然の解雇通告で労働者を会社から閉め出す日本ＩＢＭの「ロックアウト解雇」事件で、全労連のＪＭＩＴＵという労働組合がたたかい、画期的な職場復帰が実現したのです。解雇撤回裁判は、原告11人中10人が和解し、３人が職場復帰。東京地裁で出された判決はすべて労働者が勝利しました（２０１７年12月現在）。

また東京大学教職員組合と首都圏大学非常勤講師組合が共同で運動を展開し、東京大学に、非常勤職員の契約を５年上限として雇い止めにする規定を削除させました（２０１７年12月）。東大の非常勤職員はパート勤務５３００人、フルタイム２７００人の計８０００人。改正労働契約法に基づき、雇用継続が５年を超えれば、２０１８年４月から無期契約に転換することができます。東大で無期転換ルールの実施に踏み出したことは、全国の国立大学などにも影響を与えるとみられます。

いま労働組合が非正規労働者の要求実現と正規化のため役割を果たすことが期待されています。北出さんが活躍しておられる地域労組も非正規の仲間のために大きな力を発揮しています。労働組合は、文化的なとりくみの中で仲間としての絆を深め、学習・教育の中で、労働者として、人間として成長できる「学校」としても大切な役割を担っています。

■労働組合の後退は国民生活と経済に影響

しかし残念ながら、日本では長年の財界の戦略により労働組合の力が弱められ組織率は17・3％（2016年）、ストライキの件数は戦前よりも少なく大変な現状です。賃上げも時間短縮もすすまず、雇用の破壊を許し労働者・国民の暮らし破壊を阻止できませんでした。

その上、企業に対する監視が出来ず、「不正」を許してしまったのです。

国内第3位の鉄鋼の神戸製鋼所が品質検査データーを改ざん・隠蔽していました。アルミや銅、鉄鋼などの「素材」に関わる不正です。航空機・自動車・鉄道・建設機器・原発など50社以上に、また海外の多くの取引先にも販売していました。改ざん・隠蔽は数十年にわたり組織ぐるみでした。

日産とスバルでも完成検査を無資格の従業員が日常的に行っていたのです。ブレーキ・ライトの性能、排ガスの濃度など国の「保安基準」にあっているかのチェックで、安全に対する最終工程の「検査」で手抜きがあったとは。日産120万台。スバル25万台がリコールになっています。リストラ・合理化・非正規化など雇用破壊と一体になった犯罪です。検査員の資格はメーカー自身が与えるというメーカー任せにしてきた国の責任も重大です。

この種の「不正」まだまだあるのでしょうね。労働者の状態が悪化し、不正が広がる。なんとも無念なことですが、私たちは恐ろしい国に生きているんですね。お先まっ暗！

なぜこんな日本になったのか第4章でじっくり考えましょう。

Chapter 3

第3章 ハードワーカーたちの慟哭《どうこく》 ～自分のための時間は欲しい～

（北出　茂）

1　ブラック企業には入りたくないんだけど

■「働くこと」と「生きること」

みなさん、北出です。中田先生のお話、勉強になりますねぇ。

憲法の話って、難しそうですけど、たいていの人は「働かなければ生きていけない」わけです。

ですから、**「働くこと」**（労働基本権：憲法27条、28条）と、**「生きること」**（生存権：憲法25条）とは密接不可分な関係にあると思っています。

そうはいっても、そういったことを勉強する時間をつくるのも、大変ですよね。

みなさん、最近、本とか読みましたか？　映画鑑賞とかもしたはりますか？

僕の部屋の本棚には、読もうと思って衝動買いした「読書用」の本が、きれいなまま「観賞用」として陳列されています（笑）。なかなか、自分の時間って、ないもんねぇ。

自分の時間や、家族と過ごす時間、趣味や学びなどにあてる生活時間を確保することが、人間らしく生きるためには大切なはずなんだけどね。

みなさんも、長時間労働の経験、ありませんか。

僕も経験があります。

管理職時代は、午後9時までに会社を出た記憶がほとんどなかったです。大概、夜10時ころまでは仕事をしていました。

深夜1時を過ぎでも、オフィスでは、あちこちでキーボードをたたく音が聞こえていました。そのころになると、目がかすんで、パソコンのモニターの文字がぼやけてくるんです。パソコンの前に座っている時間が長いと、肩も腰もこわばってくる。夏でも指先がかじかんでくる。

終電が終わっているので、会社の同僚が会社の近くに借りている部屋に泊まり込むか、AMUZAというカプセルホテルで睡眠をとっていました。

僕は「生還」できましたが、同僚の中には、心や体を壊して、働けない心身になって退職していった人もいました。

■違法な長時間労働

世の中、違法な長時間労働が蔓延《まんえん》しています。違法な長時間労働に対して、誰もモノが言えない。そんな中で若者のうつや、からだを壊すという相談も多いです。メンタル不調による相談が増えています。

ここで、いくつかの相談事例を紹介させていただきます。労働相談に寄せられた相談者の生の言葉です。

〈事例3－1〉

「塾講師になったが、長時間労働が続いており、休日出勤もしている。同僚がうつ病になって退職した。自分もそうならないかと心配している。」（20代女性）

〈事例3－2〉

「大手企業で働いている。午後7時以降は、残業するなと指示されているが、公式記録に残らないよう、電気を消してパソコンの灯りで仕事をしている。」（40代男性）

〈事例3－3〉

「大手デベロッパー系のマンション管理会社で働いている。月150時間以上の残業をしているが、残業時間が45時間しかつけられず、残業代が支払われない。マンションを管理するという仕事の性質上、土曜も日曜もない。先月は、月2日しか休みがなかった。職場環境を改善してほしいが…。」（40代男性）

〈事例3－4〉

「職場で時間外労働が月100時間以上あり、体調を崩した。転職したいが、転職活動をする時間がない。」（30代男性）

〈事例３‐５〉

「長時間労働とパワハラでうつ病になった。」（30代女性）

「全国チェーンの漫画喫茶で働いている。一人で夜から朝まで14時間連続勤務をしている。ビデオカメラで仕事ぶりを監視されており、文句を言われる。休憩時間が取れない。店のルールではあいだに1時間の休憩を取っていいことになっているが、一人勤務体制なので、事実上休憩時間が取れない。クレームを言ったら、シフトを減らされた挙句、『やめてくれていいよ』と言われた。」（20代男性）

〈事例３‐６〉

「ユニオン」に面談相談に来られる方のおよそ30％は、うつ病を発症されています。それはパワハラがきっかけであったり、あるいは退職強要を受けたことが原因であったりします。

それから、長時間労働。労働相談でも、過労死させられそうな働かされ方をさせられている事案が散見されます。

うつを発症されていたり、体を壊されていたりして、相談に来られる方は非常に多いです。

そして、過労死の事案は特殊な事案と思われがちですが、異常な職場環境の下、過労死をした一人の人間の背後には、過労による鬱《うつ》や障害により、働けなくなった大勢の人たちがいます。「働くのが怖い」という感覚を植え付けられてしまうと、その後の再就職にも支障をきたしてしまいます。

2 ブラック企業は、何を「与え」、何を「奪う」のか!!

■労働者を使い捨てにするブラック企業

さて、第1章では「非正規労働者が大変だ」という話をさせていただきました。非正規は不安定雇用で低賃金なことが多いため、学校でも「就職するなら、非正規社員よりも、正社員の方がいい」と教えられてきたわけです。

では、正社員として就職できれば安泰でしょうか。**「就職した会社がブラック企業だった」**という相談をよく受けます。一部のブラック企業は、労働者を完全に使い捨てにしてしまっています。「ブラック企業だったら嫌だな」と思いながらも、「無職よりはマシ」と考えて、生活のために就職をせざるを得ない現実があります。

ここで、非正規で長く働いた後、はじめて正社員として入った会社がブラック企業で、うつ病を発症して退職せざるをえなくなった方の事例を紹介させていただきます。

飲食店労働者（十河さん）〈事例3－7〉

～過労死ラインを超える長時間残業～

【当 事 者】十河さん。30代。男性。
【職　　業】飲食会社・飲食店店長
【相談内容】過労死ラインを超える長時間残業（過労によるうつ病発症）。
【交渉相手】部長ら3名＋社労士2名
【団体交渉】3回　↓　中断
【結　　果】（会社側に残業代未払いや最低賃金違反について認めさせるも、交渉中断）

十河さんは、大学院（文系）を卒業しました。が、正社員としての就職が決まらずにアルバイトを続けました。

「アルバイトが長かったけど、やっと正社員になれた」

十河さんは、初めてL社（飲食チェーン店）に正社員として採用されたときの喜びをそう語り、今でもL社の採用通知書を大切に保管しています。

十河さんは、入社後、モーレツに働きました。やっと正社員になれたのだから「頑張らないといけない」という意識があったといいます。

十河さんは、入社して1年余りで、飲食店の店長業務を任されます。店長になってから1年のうちにさらに2つの店舗のオープンを任されました。入社2年余りで、三店舗を同時に担当し切り盛りす

【十河さんの履歴書】
四国の国立大学院卒業
卒業後、
J社　アルバイト（弁当屋）　　雇用期間5年
K社　派遣社員（電気店）　　雇用期間6か月
L社　正社員　（飲食チェーン店）　雇用期間3年
　以後、生活保護を受給して現在に至る

ることを任されたわけです。

朝7時から夜22時までは店舗で働き詰めで、夜22時からは「なぜ今日は売上がこの数字にとどまったのか」「数字（売上）を上げるために明日はどうするのか」という**パワハラまがいの反省会**が深夜まで続きます。来る日も来る日もそれが繰り返されるわけです。

十河さんには、「休みを取ったりすると、まわりに対して申し訳ない」という意識があったといいます。しかし、責任感の強い彼の思いとは裏腹に、過労とストレスは、着実に彼の心と体を破壊していきました。

朝、起きられず、遅刻をするようになります。会社側がしたことは「遅刻をするのは夜更かししてパソコンをしているからだ」と決め付けて、彼の住むアパートに押しかけてパソコン・ゲーム・DVDなどを強制的に取り上げることでした。

ついに、彼は勤務中に職場を離脱して逃げ帰るに至ります。会社側がしたことは、彼の住むアパートに押しかけて、引きずり戻してまた働かせるということでした（この時点で十河さんはすでに重いうつ病であったと、後に医師は診断しています）。

会社が借り上げたアパートに住んでいたことや、職場が地元（岡山県）を離れた兵庫県で助けを求められる知り合いが周囲に少なかったことも、彼にマイナスに働いたのかも知れません。

そもそも、これだけ**長時間労働**であると、**仕事と睡眠以外の時間がほとんどありません**。時間がないから、次のアクション（転職活動、労働組合に相談等）が起こせないわけです。

十河さんは、一人で三店舗を管理する状態で早朝から深夜まで働き続けました。さらに、近いうちに四店舗目、最終的には五店舗の切り盛りを任されようという途上で、重い「うつ病」であり「これ以上働けない」と医師から診断されます。

そして、組合に駆け込み、助けを求めました。飲食チェーン店には、店長は「名ばかり管理職」で残業代がつかず、店長ら数名の正社員以外はすべてアルバイトという形態も多いことが知られています。L社も劣悪な労働環境、労働条件でした。

「店長」である彼の月給は19万円（基本給は12万円。みなし残業代を含む役職手当が7万円。手取りは16万円）でした。毎月の残業は、月平均で120時間。残業は多い月で160時間を超えていました。月給を残業時間を含めた総労働時間で割ると、最低賃金を下回る賃金しか受け取っていなかったわけです。

十河さんは傷病手当金を受給しながら、団体交渉に挑んでいました。

組合は団体交渉を行い、会社側に残業代未払いや最低賃金違反について認めさせました。しかし、具体的金額について協議していく最中に、交渉は中断されました。

争議がこれ以上長引くと精神破壊を招きかねないほどに、十河さんのうつ病は悪化していました。十河さん自身が、これ以上会社と対峙した状態が続くことを忌避し、交渉の中断を望んだのです。その結果、この案件は白黒つかない状態で塩漬けにされてしまいました。

その後、会社を辞めるのを機会にして、生活保護を申請しました。

現在でも、十河さんは薬を欠かせず、生活保護を受給して生活をしています。うつ病と睡眠障害のため、働くことが出来ないまま現在に至ります。

■社会悪としてのブラック企業

労働相談には、本人だけでなく、親御さんが来られることも多いです。社会人になった自分の子供の働き方、働かされ方が心配でたまらない。

考えてみてください。どんな人間でも、**社会に出るまでに20年間も、お金と愛情をかけて、親が、社会が、育ててきた大切な人材**のはずです。その人材を、悪質なブラック企業は、わずか数か月で使いつぶしてしまう。

僕は、労働相談を受けていて、過労による鬱《うつ》や障害により、働けなくなった大勢の人をみてきました。働くことに対する恐怖心を植え付けられてしまうと、その後の再就職やキャリア形成にも支障をきたし、人生設計そのものが破壊されてしまうのです。

長時間労働・過重労働をなくしていくことは、**労働者のためだけでなく、企業や産業界も含めた日本社会全体の課題**なんだと思います。

3 長時間労働をやめさせる法律をつくりたいんだけど

■法律をつくろう

皆さんは「**過労死防止法**」って、ご存知ですか。実は、僕、法律ができる前から過労死防止法制定実行委員として、立法制定運動に奔走《ほんそう》してきました。団体を回ったり、街頭で署名集めをしたり、マスコミにプレスリリースしたり、イベントを開いたりしてきました。

ＮＰＯ法人「働き方ＡＳＵ-ＮＥＴ」は、中心メンバーに森岡孝二さん（関西大学名誉教授）という労働時間の研究をしている方がおられたりして、このＮＰＯは過労死防止法制定の中核的な役割を果たしました。

皆さんのまわりにも、「そんなにやったら、もたんのに」っていうくらい、長時間働いている人がいてはりませんか？

労働組合の歴史は、「賃上げ闘争」ではなく、労働時間をめぐってのせめぎ合い、労働時間短縮を求める運動としてはじまっているそうです。

だから、「原点に戻った運動をしよう」「労働時間短縮のための切り札になる法律を作ろう」って、みんなで話し合って、過労死防止法ＧＯってなったわけです。ここからは、僕が忘れてはいけないと思っている「命を懸けた言葉」を折り込みながら、立法制定までとこれからの課題を紹介したいと思います。

■命をかけた言葉

僕は、寺西笑子さん（全国過労死を考える家族の会・代表世話人）をはじめ、過労死遺族の方とも一緒に運動をしてきました。遺族の方は、実名の公表を躊躇《ちゅうちょ》される方が多いですが、寺西さんをはじめ、実名を公表して、過労死を世の中からなくそうと訴えておられる方もおられます。ここでは、過労死された方や遺族の方の命を懸けたメッセージを紹介させていただきます。

①　富士通ＳＬＬ　…　西垣和哉さんの言葉

実名を公表して訴えておられる方の一人が西垣迪世（みちよ）さんです。

一人息子の西垣和哉（かずや）さんは、23歳で富士通関連のＩＴ企業（富士通ＳＳＬ）に２００２年に入社。システムエンジニアとして勤務。睡眠障害からうつ病を発症して、２００６年、治療薬の過剰服用により亡くなりました。享年27歳。

僕は、母親の迪世さんとお話しをして、忘れられないことがあります。

和哉さんが亡くなる３カ月前に神戸市の実家に帰ってきた時に、迪世さんと最後に話したときのこと。目がうつろになった息子に「会社辞めたら」と説得したんだけど「うつなのは他の人も同じや。働きながら治すしかあらへん」と聞かなかったそうです。あの時に無理やりにでも会社を辞めさせていたらと思うと…と目を赤くして話しておられました。

そうして、３歳からずっと母子二人暮らしであった一人息子の西垣和哉さんは、亡くなります。「息子が死んだときに私も死んだ」という迪世さんの言葉が忘れられません。しばらくは、何一つ、する気がおきなかったそうです。

その後、迪世さんは、２０１１年3月に裁判で勝訴し、労災が認められました。

証拠保全で取り寄せた資料から、１カ月あたり97時間とか、１５０時間の時間外労働、それから朝の9時から翌日の晩の10時までの37時間連続勤務とか、殺人的な勤務の実態が明らかになった。同僚の証言によれば、和哉さんは机に顔を突っ伏して仮眠を取っていたそうです。その証言をしてくれた同僚はパイプ椅子を３つ並べて仮眠していたそうです。同期入社した新入社員も次々と退職や長期休職に追い込まれたそうです。

和哉さんのブログのなかの言葉です。

「もっと楽しいことがしたい。もっと健康的に生きたい。何もしたくない。死んでしまいたい。消えてしまいたい。すごい矛盾です。でも全部持っています。それがコロコロ変わるのです」

② ワタミ … 森美菜さんの言葉

立法制定運動に奔走していたころ、2012年の2月21日、居酒屋チェーンの「和民」で働いていた森美菜《みな》さんという方の過労自死が、過労が原因で適応障害を発症していたとして、労災認定されました。享年26歳。

森さんはワタミに入社し、神奈川県内の店舗に配属され、午後から早朝にかけての長時間勤務、連続7日朝5時までに及ぶ深夜勤、そして休日のボランティア研修などがあり、休みがほとんどないまま精神障害になって入社後約2カ月で自殺をされました。2か月間の時間外労働は合計で227時間と記録されています。

その後、森美菜さんの両親が会社側に損害賠償を求め東京地裁に起こした訴訟は2015年12月8日、ワタミ側が約1億3千万円を支払い、謝罪することで和解が成立しました。

森美菜さんの手帳に記されていた言葉です。

「からだが痛いです。からだがつらいです。気持ちが沈みます。早く動けません。どうか助けてください。誰か助けてください」

③ 過労死防止法制定のための院内集会で語られた遺族の言葉

２０１２年６月６日には、過労死防止法制定のための院内集会が国会で開かれました。そこで語られた遺族の言葉です。

「突然家族の当たり前の生活が奪われ、まるでドラマのような時間が始まりました。」

「仕事に押しつぶされるように倒れていったのです」

「就職氷河期の渦中で、息子は『いったん仕事を辞めると次の正社員でつける職はないよ』と言いながら、過労死しました。うちの息子のような**10代でも過労死する社会を変えるために**、１００万人署名を集めています。」

④ 法制定後、過労死防止啓発シンポジウムで語られた遺族の言葉

大切な人を仕事で亡くした過労死家族が声をあげ、多くの労働組合や市民の方も協力し、立法制定運動が52万筆の署名に結びついて、国会を動かす力になりました。２０１４年に**過労死防止法**が衆参の全会一致で制定されます。そこで、**過労死防止対策の推進は「国の責務」**と明記されました。２０１４年11月20日に、（初の）過労死防止啓発月間シンポジウムを開催しました。

法制定後も、過労死防止大阪センターの設立のお手伝いをして、２０１５年３月13日に、過労死防止大阪センター結成総会を開催。労働局と大阪府の後援をいただき、連合大阪・大阪労連・大阪全労協からご挨拶をいただきます。

過労死防止センターでは、設立以来、講師派遣などの事業を行い、労働相談も受け付けています。

毎年、全国各地で、啓発のためのイベントや過労死防止啓発月間シンポジウム（11月）を遺族の方々をシンポジストとして招いて開催しています。

シンポジウムで語られた遺族の言葉です。

「大切な家族の死を無駄にしない。今にも倒れる、しんどくて大変だという方の命を救うことで、私たちの家族の死は報われます。」

⑤ 電通 … 高橋まつりさんの言葉

高橋まつりさん。母子家庭に育ち、塾にも通わず猛勉強して東京大学に合格。2015年4月に新卒で電通に入社。入社後、休日や深夜の勤務も連続し、10月頃から「本気で死んでしまいたい」「朝起きたくない」とツイッターに書き込むようになります。11月に入ると、高橋さんはうつ病を発症。母親の幸美《ゆきみ》さんによれば、入社2年目の男性社員が過労自殺した1991年の「電通事件」の記事を持ってきて「こうなりそう」と話すこともあったといいます。そして、クリスマスの12月25日の朝。高橋まつりさんはこんなメールを幸美さんに送り、住んでいた社員寮の4階から身を投げ、自ら命を経ちました。享年24歳。3月に大学を卒業し、4月に新社会人となってわずか9ヶ月。年末には「実家に帰るからね、お母さん、一緒に過ごそうね」と言っていたにもかかわらず、です。

「大好きで大切なお母さんさようなら、ありがとう。人生も仕事も全てが辛いです。お母さん、自分を責めないでね。最高のお母さんだから」

法制定後も、悲劇が繰り返されていることは残念でなりません。まだまだ、課題は山積です。しかし、電通で働いていた高橋まつりさんの過労死労災認定公表後には、瞬く間に、働き方に関しての世論が高揚しました。その背景には、遺族の方を中心とした長年にわたる運動や、法律成立後の社会に対する啓蒙活動の取り組みの蓄積があったのだと考えています。

4 自分の身を守るために

■究極の労働問題

僕は、いわば「究極の労働問題」として、過労死問題に取り組んできました。これに対しては「特殊な事例にすぎないのではないか」という意見をいただくこともあります。

実は、僕も「過労死するくらいならそんな会社辞めればいいのに」と思っていた時期もありました。でも、労働相談を受けているうちに、そんな単純なもんじゃないなと…。ブラック企業で働いて、心や体を壊して、働けない状態にまで追い込まれて退職を余儀なくされる人にも通底する問題だな。そう思えるようになったんです。

僕は「ブラック企業問題」と「過労死問題」の背景にあるものは同じではないかと考えています。例えば、過労死した方は、死ぬ前に、「逃げること」も「闘うこと」もできませんでした。

僕は大勢の遺族の話をきいてきて、その原因が二つあると思いました。

一つ目は、**「逃げ場のない状況」にあるということ。**仕事を辞められないからこそ、ブラック企業は生き残り続けます。今の日本で、仕事を辞めた場合のリスクを考えてみてください。

二つ目は、**「闘うための労働法の知識すら与えずに、ブラック企業に若者を放り出す日本社会」そのものの問題点**です。闘う人が少ないからこそ、ブラック企業は生き残り続けます。違法行為が恒常的に行われていたことに、団体交渉で指摘されてはじめて、会社側が気がついたというようなことが多いわけです。

■「逃げること」の重要性

そこで、まずは、「逃げること」の重要性についてお話しします。

今の青年層の雇用状態というのは、ものすごく**雇用が劣化**しています。僕が労働相談を受けていても、当事者の方は、過労死ラインを超える残業を余儀なくされるなど、本当に過労死してしまいかねない状況にあったりします。あるいは、そこまで至らなくても、心や身体を壊して、「働けない精神や身体」になって退職していかざるを得ないような状況も見受けられます。

ですから、逆説的な表現になるかもしれませんが、そういうことから「逃げること」も大切なんじゃないかと思うわけなんです。

日本人のガンバリズムじゃないですけど、あまりにバカ正直に、真正面からぶつかって潰されることはよくないんじゃないか。

■「闘うこと」の前段階としてのワークルール教育

それから、おかしな環境であったとしても、企業相手に「闘うこと」なんて、そう簡単にはできないのが現実です。

その前段階として、何よりも、**ワークルール**について学ばなければならない。学ぶ機会が提供されなければならない、と思います。

皆さんが職業を選ぶ時、生き方としてよいかどうかを考え、命と健康を大切にしてほしいと思います。

「命より大事な仕事はない」

「生きるための仕事であり、仕事のために生きるのではない」

そんな正常な判断もできなくなるまで、仕事によって追い込まれ、最後は仕事に殺される。そうならないためにも、働くことに関するルールを学んで、イザというときにブラックバイトやブラック企業から、自分の身を守れる人になってほしいと思います。

5 世の中を変えていくために

この章のおしまいに、自作のポエムを掲載しておきました。

みなさんに、ぜひ考えていただきたいことがあります。

生きていくうえで、大切なことって、何なんだろうか。

みなさん、お金は大事ですよね。

でも、「お金が欲しいなら今すぐあげましょう。あなたの両目をくれたなら」と言われたときに、二つの眼の視力を失うことと引き換えにでも1億円欲しいと思われますか。多くの方は躊躇《ちゅうちょ》されるのではないかと思います。命や健康は、お金にはかえられないものなんです。

ましてや、誰かのお金儲けのために、別の誰かが犠牲になることは…。

この国では、仕事がなくて自殺する人がいる人がいる一方で、仕事が終わらなくて過労死する人がいます。

生きるために働くのに、心と体を壊して、働けない体になって退職していく。働くことによって死に至る。そんな悲劇を少しでも無くしたいと、人間が人間らしく生きられる社会を求めて、僕たちは活動を続けています。

僕たちは、微力かもしれないけれど、決して無力ではないのだから。

だから、一歩踏み出す勇気を持って欲しい。納得がいかないことがあれば声を上げよう。最初は1人でも、だんだん広がって世の中は変わっていくのだから。

6

キタデポエム

～星に願いを～


僕は、自分達の「正義」を声高に語る人たちが好きではなかった。

「正義」なんて、相対的な物にすぎないと思ってシラけていたのだ。

「現実」から目をそむけていたのかも知れない。

あの日、過労死家族の会の会合に出席させてもらった。

そこには「現実」があった。

過労死した遺族の人達の姿に、泣きながら自分達の境遇を話す人達の姿に、本当に追い詰められているのは誰か、っていう、次に追い詰められるのは誰か、っていう、この社会が抱えるとてつもなく大きな課題をみた。

そこにはシンプルだけど大事なものがあった。

命や健康を守れっていうのは、絶対的で普遍的な価値観でなければならないんじゃないか。

相対性とか中立性っていうのは、何もしない自分に対する言い訳なんじゃないか。

あの時、僕の中で、何かが芽生え、何かが壊れて行った。

人は必ずいつか死ぬ。

しかし、「天寿を全うして死んだ人間」と「過労死・過労自殺で死んだ人間（企業に殺された人間）」とを同列に扱うことには何の意味もない。

その中立性には人間性がこれっぽちも存在しないからだ。

殴られた経験のある人間にとって「殴られたら痛いかどうか」を議論することは無意味だ。痛いに決まっているではないか。

僕らは、企業社会の不条理を、過労死を生み出す構造を、モノをいえない抑圧的な雰囲気を、ブラック企業で働く中で体で覚えた。

事実や現実は、すべてを凌駕する。

語る前にあきらめてしまい、行動する前にあきらめてしまい、何もわからないのにわかったような顔をして生きていくことをやめようと思った。

「過労死の存在しない社会」をつくるというのは、切実な夢なのだ。何が何でも、断固として成し遂げられなければならない夢なのだ。

目の前の状態を無批判に肯定して「仕方ない」と言わないこと。

それが人間の知性だと思う。

「仕方ない」ではいけない。

目の前の「現実」を直視し、その「現実」を拒否しようと決意する。

行動することによって、何かが変わる。

それが人間の可能性であり、人間の社会の可能性だと思う。

僕は全力で「過労死の存在する社会」を否定する。

労働相談をして相談者と話す中で、ブラック企業に入らなければよかったという話題になることがある。

だが、これは「ババ抜き」でババを引かねば良いという議論と同じだと思う。

そして僕は「これ以外にどんな生き方もありはしなかった」んだと思う。

「彼ら」と「自分たち」とを遮断する危うさを持つ今の時代の風潮に答えて、かつ自分達の生き方を外に向けて、宣言しているのだ。

「これ以外にどんな生き方もありはしない！」と。

過労死の家族は、名前を出して、この問題を世に問うている。自らの退路を断って、過労死させる企業に、社会の風潮に闘いに挑んでいる。

もしも、自分が同じ境遇におかれたら、と想像してみる。きっと同じ思いで、やはりそこにしか立ちはしまい。

その想像力、交代可能性への共感こそが、「過労死の存在する社会」へのアンチテーゼにほかならないのだから。

多かれ少なかれ、この国の労働者は、働く中で挫折し傷ついた経験を有している。生き方が下手で、泥まみれの人生を送りながら、愚かで稚拙な敗北にまみれてきた人も多いだろう。だが、生きて明日の社会について考えることができるのは幸せなことかも知れない。

「過労死の存在しない社会を」

「ブラック企業の存在しない社会を」

「人間らしく働くことができる社会を」

これは、僕らの切実な夢なのだ。

そして、この夢がかなえられる時、
稚拙な敗北にまみれてきた僕らの「過去」には新たな意味が与えられ、
過労死した方の「生」と「死」には新たな意味が与えられるに違いない。

愚かで稚拙な敗北にまみれながらも「人間らしい働き方」を夢みて模索を続ける僕らの仲間の活動が、あるいは、「過労死のない社会」をつくりたいと願う遺族の方々、過労死家族の会の活動が、金のためにやっているなどと罵倒され、現実と折り合いをつけろなどと罵倒されながらもなお「無反省」にも放せないものだとしたら
どうぞ「夢」だと言ってくれ。

夢とは、もともと、「現実」と呼ばれるものを目の前にしたからといって退くような「現実」的なものではないのだ。

「過労死の存在しない社会を」

「ブラック企業の存在しない社会を」

「人間らしく働くことができる社会を」

夜空に輝く星たちに祈りと願いをこめて

北出　茂

Chapter

4

第4章 こんな日本に誰がした?

（中田　進）

1 なぜこんなブラックな国に

みなさん、北出さんは第1章で主に非正規の仲間のことを、第3章ではたとえ正規雇用であっても、ブラック企業での驚くべき長時間労働で心と身体を破壊していった仲間のこと、その現実を明らかにして下さいましたね。また、「過労死を考える家族の会」のみなさんの奮闘が国会を動かし、超党派の議員が一つになり「過労死防止法」が誕生したドラマも語ってくれました。愛する人を過労死で奪われた遺族のみなさんとの出会いから、「過労死の存在しない社会を」「ブラック企業の存在しない社会を」「人間らしく働くことができる社会を」という願いを実現するためには、たたかいしかないことを北出さんは訴えています。

私はそれを受けて、「雇用の破壊」や命を奪う「長時間労働」が、そもそもどういう政治の仕組みのなかですすんだのかを明らかにしたいと思います。

■戦後日本を支配したアメリカ

それにしても、働く人々がなぜここまで壊されたのか、労働組合運動がなぜ困難なことになったのか歴史をたどりましょう。

戦争が終わって直後の頃は、焼け跡の中でまともな仕事もなく、住宅も食料も着るものも不足するギリギリの状態のなかで、労働者・国民は平和と民主主義を柱とする新憲法を力に生活擁護と民主化の要求を掲げてたたかいました。アメリカを中心とした占領軍が労働組合を奨励したこともありましたが、短期間に驚くほどたくさんの労働組合が誕生し、青年も女性も活き活きと参加しました。

ところがアメリカは、中華人民共和国の建国と朝鮮戦争を機に占領政策を大きく転換し日本をアメリカの世界戦略のアジアの拠点にしようと、国民や労働者の運動を弾圧し、職場で熱心に活動していた労働組合の幹部のみなさんを「追放」（レッドパージ）しました。一方で占領軍は侵略戦争を遂行した戦争犯罪者（戦犯）を日本の政権の中心に復帰させアメリカいいなりの政治のしくみをつくり、そして一旦「解体」した日本の財閥を復活させました。

みなさんは、学校で歴史をどこまで学ばれましたか。侵略戦争に突き進んだ近代日本の歴史や戦後のアメリカの支配の歴史など現代につながる肝心の部分をほとんど学んでいない方が多いのではないでしょうか。そこで戦後史のポイントをお話しましょう。

敗戦から6年もたって、ようやく1951年9月8日、サンフランシスコで連合国と日本の講和条約が締結され、日本の独立が認められたのです（ただし、沖縄などはアメリカが統治）。ところが同じ8日の夜に秘密で、アメリカ軍が引き続き日本に駐留することを認める日米安全保障条約（安保）が締結されました。こうして日本はアメリカの事実上の「従属国」になってしまったのです。

現在では米軍の駐留費を日本が75％も負担し（国際社会でトップの負担率）、米軍の犯罪には日本の司法も行政も口出しできない「地位協定」、沖縄県辺野古での強引な基地建設、北朝鮮脅威を口実に防衛力強化のためと称してイージス・アショア2基（２０００億円）をはじめ高額な武器を大量に購入することを決め、危険極まりないオスプレイなどが日本の空を思いのまま飛び回る…など、とても「独立国」とはいえない日本になりました。

歴代の自民党政権がこの流れをつくり、とりわけ安倍政権はアメリカいいなりの政治・経済を進めています。

■財界、大企業と自民党

アメリカのいいなりになることで利益を得て復活し、世界に進出して莫大な利益を得た財界は、その富の力で戦後の日本の政治を握りました。

21世紀のいま、政権を握る自民党は、莫大な政治献金を財界からうけとり、国民には消費税のあいつぐ増税をすすめる一方で法人税減税をすすめています。税金の使い道では軍事費の拡大、リニア中央新幹線、大阪万博・カジノ、原発再稼働・新建設など、大手建設会社（鹿島・大林・清水・大成・竹中工務店などゼネコン）や軍需産業（三菱重工・川崎重工・三菱電気・日本電気・日立・コマツなど）や原発産業など財界の利潤を最優先する政策を強行しています。

そして安倍首相は国際社会で孤立を深めるトランプ大統領に世界でもっとも忠実な政治家としての役割を果たしています。憲法第9条の「戦力を持たない、交戦権を認めない」の原則を踏みにじり、この9条に「自衛隊」を明記し、「戦争ができる国」へ「改憲」を狙っています。防衛予算は急増し社会保障をバッサリ削る。国民の暮らしと日本経済を破綻させる消費税を8%からさらに10%へと引き上げようとしています。これまでも消費税は法人税減税で穴のあいた、「穴埋め」につかわれ、社会保障予算は削減されてきました。増税分を子どもの教育費のためと言っていますが、またもやゼネコンの利益のため無駄な公共事業の費用や軍需産業の暴利のための防衛予算に消え、1000兆円を超える借金は将来の国民に重くのしかかるでしょう。ほんとうに「お先まっ暗」ですね。

みなさん。**「こんな日本に誰がした?」**すでに感じておられるでしょうが、その答えは、アメリカと日本の財界、そしてその利益を優先する政治を続けてきた歴代の自民党政権ではないでしょうか。

ではなぜ国民はそんな政権を支持し選んできたのでしょうか。この問題は、第6章でじっくり考えたいと思います。

2 破壊された雇用

さて現代日本の働く人々にとって諸悪の根源である「非正規」という雇用がどのようにはじまり、広がったのでしょうか?

私たちはいま、資本主義という利潤最優先の社会に生きています。企業が生き残る条件は利益を少しでも多く上げることですね。そのために経営者は賃金を低くしたいと考えます。

正規雇用を非正規雇用に変えると賃金を下げることができます。

雇用については戦後長い間**「直接雇用」**が原則でした。職業安定法44条は、強制労働やピンはね(中間搾取）を招くとして「人貸し」業＝労働者供給事業を禁止しています。戦前の日本では貧しい農家の子女が「人貸し」業の業者に「身売り」され、劣悪な労働条件の繊維産業や、時には「遊郭」などで悲惨な人生を強いられたのです。その痛恨の歴史から**「間接雇用」**は禁止されていました。

それが１９８５年の**労働者派遣法**で「派遣」が認められたのです。ただし「例外として、臨時的・一時的な業務」に限定して、正社員から派遣への置き換えを防ぐため、最長３年に派遣期間が制限されていました。最初は13業務、それが16に、さらにアメリカの圧力で１９９６年には26業務に広がりました。

みなさん、びっくりでしょう。日本の雇用にまでアメリカの圧力が。当時のクリントン大統領が宮澤喜一首相に16から26にするように迫ったのです。おそらく日本国内の米企業が搾取を強めることが狙いでしょう。戦後日本の歴史は日米関係をしっかりと見つめると、「こんな日本に誰がしたか」、政

図表２　労働法・保育条件に関する法案への各政党の態度

法律名	自民	公明＊1	民主＊2	共産	社民	みんな	生活
1997年、女性の残業や深夜業等の規制を廃止（労働基準法改定）	●	●	●	○	●		
1998年、裁量労働制・変形労働時間制の拡大（労働基準法改定）	●	●	●	○	●		
1999年、派遣労働の原則自由化（労働者派遣事業法改定）	●	●	●	○	●		
2001年、再就職支援の名でリストラ推進（雇用対策法等改定）	●	●	●	○	○		
2003年、有期雇用制拡大、裁量労働制規制緩和（労働基準法改定）	●	●	●	○	○		
2003年、製造業への派遣拡大（労働者派遣事業法・職安法改定）	●	●	○	○	○		
2005年、年間総労働時間規制と残業規制の緩和（労働安全衛生法等改定）	●	●	●	○	○		
2012年、派遣労働「原則禁止」条項削除、日雇い1カ月以上OK（労働者派遣事業法改定）	●	●	●	○	○	●	
2012年、有期雇用を一時的・臨時的に入口から限定する労働者契約法	●	●	●	○	○	●	●
2012年、保育の市場化すすめる子ども・子育てシステム3法	●	●	●	○	○	○	○

（●＝賛成、○＝反対）

＊１平成会、平和改革の時期を含む、＊２旧民主、自由党の時期を含む

（出所）新日本婦人の会『月刊女性＆運動』2013年６月号。

（少し古い資料ですが現在に至る経過を見てください。）

治・経済のすべてがよく分かります。

非正規のみなさん！　自分のいまの「働き方」は、アメリカと財界の利益を最優先して、政治を動かし都合のいい法律を作り出してきた結果なのです。法律は国会で決まります。国会議員の多数が賛成すれば可決されます。みなさんを不幸のどん底に陥れた国会議員って「誰」？　何党？

いま若者の7割近くは選挙に行ってないと言われています。「どの党も信用できない」。「選挙にいって変わるわけでない」「とにかく政治はよく分からない」。ほんとうにそうですね。学校で教えてもらったこともなく、テレビや新聞のニュースをみてもよく分からない。

それでは右の表をみてください。どの党がどの法律に賛成したか、反対したか。（図表2）

1999年の「原則自由化」って分かりますか？これは「港湾・建築・製造・医療・警備」などの業務は派遣は禁止。それ以外はすべて派遣は自由に。まさに原則自由化です。さらに2003年、禁止されていた製造業も派遣OKになったのです。大変です。すべての製造業で派遣がどんどんひろがりました。

「間接雇用」がひろがると、「直接雇用」の形もかわりました。アルバイトやパートなどはもともとありましたが、なんとフルタイムで働いているのに「パート」という身分で、劣悪な条件で責任も負わされ、若手の正規社員を教育・指導し、正規以上の仕事をしているのに正規以下の賃金、昇給もなくボーナスもなく、その上雇用が「有期」。半年とか一年。20年も働いて貢献してきたのに、突然解雇とか。とにかくいつ解雇されるかわからない「不安」な気持ちで働くのはほんとうに辛いですね。臨時・契約・嘱託・請負・非常勤…よくこれだけ呼び方があるなと思うくらいの「雇用」の「かたち」がひろがりました。改めて法案に賛成した党、反対した党を別表で確認して下さい。

どの党が私たちの味方かが分かりますね。自民党は、財界から巨額の献金を受け、法人税を減税する一方で、雇用をさらに破壊しようと「臨時的一時的なものに限ることを原則とする」とする派遣業務をあらゆる業務にひろげ、最長3年が事実上撤廃され、何度でも継続可能と、「一生派遣」に、正社員ゼロ化をねらっています

非正規労働者は昇給・昇格もほとんどなく、一時金もなく、年金や健康保険の加入もない（違法）なところも、雇用期間が細切れで、ときには正規以上の質と量の仕事を任されながら、「人間として扱われない」屈辱的な日々を送っています。（『雇用身分社会』森岡孝二著・岩波新書・参照）。正規と非正規が職場でいがみ合い、いじめ合い人間関係が壊れ、心を病む労働者が増えています。なんと公務の現場にも非正規が急速に広がり、半数を超える職場もでてきています。まさに官製ワーキングプアです。

非正規の多くが女性で、非正規差別は「女性差別」でもあります。結婚・妊娠・出産で職場を去る女性は7割、子育ての後の採用はほとんどが非正規で賃金の低さがそのまま低い年金に連動します。まさに差別されっぱなしの「女の一生」です。世界各国の男女平等の度合いを示した2017年版「ジェンダー・ギャップ指数」では日本は調査対象144か国のうち114位と、前年111位から三つ下がりました。安倍内閣のアベノミクスで「女性が輝く社会」を柱にしていますが、保育制度や社会保障の解体で働きづらく、「一生派遣」や、均等待遇ではない労働法制では差別は拡がるばかりです。非正規の厳しい現実が、若者に「なんとしても正規で働かなくては」というプレッシャーになり、就活で追いつめられた学生が自らの命を絶つ悲しい現実もあります。正規で雇用されても、ブラック企業では、パワハラで心も身体も壊され働けなくなり、何十年も「引きこもり」家族に大きな負担がかかる場合もあり、最悪、過労死や過労自死で命まで奪われます。

3 労働時間短縮の意義

みなさん。北出さんが第3章で取り上げた労働時間の問題を、少し掘り下げ考えましょう。今、労働者・国民が一番願っていることは、賃金引き上げ、雇用の安定、そして「労働時間の短縮」です。いまの労働基準法で1日「8時間」という規定があります。この「8時間」には感動的なドラマがあります。

■8時間労働制――メーデーと世界の労働者

みなさん！　メーデーってご存知ですか。そう5月1日ですね。この日は「お祭り」ではありません。労働者の1日働く時間を「8時間に！」という共通の要求で世界中の人が立ち上がる日です。メーデーは、1886年5月1日、アメリカやカナダの労働組合が8時間労働制を要求してストライキ・デモ行進を行いました。当時は12～14時間労働が当たり前でした。そこで「8時間は仕事のために、8時間は休息のために、そして残りの8時間は、自分たちの好きなことのために」という「8時間ソング」を歌いながら35万人がストライキをかけてたたかいました。資本家側は譲歩しましたが、運動の中心地だったシカゴで5月4日、ヘイマーケット広場に集まったストライキ参加者を武装警官が襲い、多数の死傷者が出たのをきっかけに、8時間労働の約束をほごにしました。そこで4年後、1890年5月1日、今度は全世界の労働者が「8時間労働」を目標に一斉にストライキに立ち上がりました。この時から毎年全世界の労働者が5月1日に一斉に集会やデモ行進をし、日本でも切実な要求やスローガンをかかげ、政府を糾弾するユニークな「みこし」やデコレーションをもちより、労働歌を合唱しながら練り歩き、連帯・団結の心を一つにしてきました。

「8時間」にはこんな歴史があるのですね。メーデーは全国300か所以上の会場で開催されます。みなさんも職場に組合があってもなくても、可能なら是非参加してみましょう。

さて、19世紀のイギリスでは、資本による一日の労働時間の無制約な延長によって、労働者と国民の生活と生命が破壊されていました。マルクスは「資本は、社会によって強制されるのでなければ、労働者の健康と寿命にたいし、なんらの顧慮も払わない」と『資本論』で述べています。労働者の運動が議会を動かし一日の労働時間を制限する「工場法」が制定され、12時間、10時間と短縮しました。もちろん資本家は徹底的に抵抗し、労働者はそのたびに反撃しました。その熾烈な階級闘争の歴史が『資本論』第1部第8章でくわしく展開されています。ぜひ一度読んで下さい。

労働時間短縮闘争の意義についてのつぎのマルクスの言葉は重要です。

「われわれは、労働日（1日の労働時間のこと）の制限は、それなしにはいっそう進んだ改善や解放の他のすべての努力が失敗に終わらざるをえない先決条件であることを宣言する。それは、労働者階級、すなわち各国民中の大多数者の健康と身体的エネルギーを回復するためにも、また労働者階級に、精神的発達をとげ、社会的交流や社会的・政治的活動にたずさわる可能性を保障するためにも必要である」（マルクス「個々の活動についての暫定中央委員会代議員への指示」1866年）

すごい言葉ですね。健康回復のためはもちろん、たたかう可能性を保障するために労働時間短縮の課題は大切なんですね。今みなさんは、この本を読む時間を、よく獲得されましたね。

労働者から「自由な時間」を奪い、長時間働かせると本を読む時間もない、語り合う時間もない、考える時間もない、労働者を働かせると利潤ががっぽり手に入るだけでなく、労働者から考える時間、抵抗する時間を奪います。「労働時間」を短縮すると労働者に抵抗のエネルギーをあたえ「賢く」することになるのです。

1日8時間が世界の労働者の願いですが、残念なことに日本の労働基準法には、労働組合または労働者の代表と雇い主が協定を結べば残業を命じることができるという抜け道があります。36条にあるので、「サブロク協定」と呼ばれています。なんと何時間の残業まで、という規定が法律にはありません。つまり青天井なのです。そのため企業は月100時間、200時間もの残業をさせ、命をうばってきました。せめてもの目安として月80時間の残業を「過労死ライン」として注意してきました。ただし罰則はありません。

EU（ヨーロッパ連合）では週の労働時間の上限が残業含めて48時間を超えてはならないとしています。一日の労働時間の上限が13時間。ところが日本の労働時間には上限規制がありません。厚生労働大臣告示ってご存知ですか。時間外労働を週15時間、月で45時間、年間360時間という規準です。罰則もなく強制力はありません。しかも労働基準法36条による労使協定には「特別条項を定めることができる」とあり、「無制限」に残業させることができるのです。自動車や電機の現場では年700時間、800時間という長時間残業が横行。2006年の生産労働者の年間労働時間は日本が所定内労働時間1794時間と残業209時間、合計で2003時間です。ドイツは所定内労働時間が1538時間、フランスは1537時間。残業はほとんどありません。この違いはなんでしょう！

4 安倍内閣の「働き方改革」

安倍内閣は、2018年、「働き方改革」という名の最悪の労働法制を準備しています。**「働き方改革」**では、「時間外労働の上限を設け、長時間労働を是正」するというのが「売り」です。

もともと「厚生労働大臣告示」の週15時間、月45時間、年360時間の「基準」もひどい話です。週15時間残業とは5日制として毎日3時間も残業。夕方5時から8時まで、本来なら帰宅して休む時間を働く。疲れをとるための休む時間が奪われ、疲労は間違いなく蓄積します。

問題は政府案が限度とした残業時間の上限です。月45時間、年360時間に。違反したら罰則。つまり「大臣告示」を法制化するというのです。労働基準法にはじめて時間制限をしたと自慢しているのでしょう。

ところがです。一週15時間という基準が消えた！

さらに驚くことに、**「臨時的な特別な事情」**があれば年720時間（月平均60時間）までOK。この時間には土日の休日労働が入っていません。休日労働を含めると月80時間、年960時間という長時間に！　さらにさらに「この範囲内で一時的に事務量が増加する」**繁忙期**に、2～6か月平均で休日労働を含んで80時間、単月では休日労働を含んで100時間まで時間外労働を認める。

時間外労働が月45時間を超えると過労死の危険がどんどん高まり、おおむね1か月100時間、2か月連続で80時間を超えると過労死を発症する危険ラインとして過労死労災の認定基準が規定されています。この基準は過労死と認定できるかどうかの、業務上の疲労蓄積を図る目安であって、これを〝ここまで残業させてもよい〟という容認基準に転用させてはならないものなのです。危険ラインに残業時間の制限を設定するとは！　企業に「過労死するまで働かせてよい」というお墨付きを…。

これを「長時間労働の是正」と、どうして言えるのでしょうか。

仕事が終わり、次の仕事がはじまるまでの間、心と身体を休めるために休息時間をとることは大切なことです。例えば看護師が日勤が5時に終わり6時に帰宅して、すぐに深夜勤務のため10時ごろ家を出るとすると大変ですね。退社して翌日の出勤までの間に一定の休息時間を設ける制度を「勤務間インターバル制度」といいます。EUでは11時間という規定があります。深夜12時まで残業したら、11時間後、昼前の出勤でOKです。日本にはこの制度がなく、深夜2時まで仕事をして朝8時出勤という地獄の勤務を強制されている労働者が何十万人もいます。

「働き方改革」では、なんと「勤務間インターバル制度」は努力義務にとどまりました。企業が「努力」すると思いますか？

■〝残業代ゼロ〟―労働時間規制の解体

さらに驚くべきことに**「残業代をゼロに」**という法案です。労働基準法には「残業すれば25％、深夜10時から朝の5時まではさらに25％、休日は35％の「割り増し賃金」を支払う義務が明記されています。この残業手当は労働者にとっては大切な生活資金となっていますが、これを「ゼロ」にするというのです。安倍首相は導入要件に年収１０７５万円以上の高度専門職とし、本人同意を条件としているから全労働者の３％程度に絞られるといっていますが、財界の組織・経団連は年収４００万円以上を主張しています。年収1075万円以上がやがて400万円…つまり普通の労働者にまで広がるに違いありません。この制度は**「高度プロフェッショナル制度」**と呼ばれ、労働基準法が定めている労働時間・休憩・休日・深夜労働の割り増し賃金などの規定を適用しない制度です。

まさに「残業代ゼロ」ではありませんか。安倍首相は「時間でなく成果で評価する新しい労働制度」といいますが、法案には「成果で評価して賃金を」という記載がないのです。いまでも残業代を支払わず「タダ働き」を強制している企業がいっぱいありますが、この制度で圧倒的な労働者に「タダ働き」させ、莫大な利益を手に入れようとしています。

安倍内閣の「働き方改革」に**「裁量労働制」**があります。

「裁量」とは「自分の判断で自由に処置できる」という意味です。使用者が労働者に出退勤務時間など指示命令しない。「どうぞ自由にあなたが決めてください」ということです。労働時間はあらかじめ労使で協定した時間を働いた時間とみなします。例えば8時間と決めれば、5時間で終わってもよい、でも10時間働いても「8時間とみなされ」残業代は支払われません。

実際はどうでしょうか。2013年の厚生労働省の調査では裁量労働制の労働者は最長で12時間以上働く人がいる企業が専門業務型で53%、企画業務型で45%にのぼります。

専門業務型とは…新商品の研究・開発、情報システムの分析・設計など19種。

企画業務型とは…企業の中枢部門で企画・立案・調査・分析の業務。

裁量労働制が認められるのは、この2種類だけです。ところが政府案はこの企画業務型に「課題解決提案営業」と「実施状況の評価を行う業務」を加えるというのです。

みなさん、わかりますか。営業でお客様の要望に応じてサービスや商品を提供する普通の仕事をまるで「中枢部門」なみにあつかい、「提案営業」は「裁量」だ、「自己責任」だとして何時間働いても「残業代はゼロ」にするという仕組みなんですね。全国の営業職の労働者の残業代がゼロになるという恐ろしい仕組みです。

損保ジャパン日本興亜で、対象業務になっていない支店や支社の一般営業職に導入し、職員の３分の１ぐらいが月20時間の「みなし時間」の２倍も残業し「タダ」でした。国会で労働者の告発をもとに日本共産党が取り上げたら、会社は一般営業職への拡大を撤回しました（２０１７年10月）。

「働き方改革」の柱にしている**「同一労働同一賃金」**（本来は同じ仕事をしているなら同じ賃金という意味）も言葉だけで、基本給や一時金も、企業が判断する能力や業績、企業への貢献、人材活用の仕組みなどで「違いに応じた支給」はそのままです。結局は非正規・正規の格差を温存・固定化することを狙っています。能力や貢献なども企業側の上司の勝手な判断できまり、パート・臨時・契約・嘱託などの「格差」も「人材活用の仕組み」から決まるもので「差別」ではないというのです。

■労働者のあらゆる権利を奪うたくらみ

さらに「柔軟な働き方がしやすい環境整備」をという宣伝で**「雇用契約によらない働き方」**を広げようとしています。

個人で請け負った仕事を自宅でおこなう「非雇用型テレワーク」などです。「フリーランス」などと呼ばれ個人事業主・請負・委託などの働き方ですでに約１１２２万人という推計も。雇用されないで自由に働く…いかにも「自由」という感じですね。

しかしみなさん！　資本主義は利潤最優先の社会です。仕事の発注者や仲介業者をはじめ関係する企業が、どこまでも労働者を「搾取」することをたくらんでいます。

フリーランスには長い長い歴史のなかで勝ち取られた労働者の諸権利が適用されません。労働時間制度・休息・休日・育児休業はなく、健康保険・雇用保険・厚生年金などの社会保険にも加入できず、最低賃金・労災休業補償・傷病手当・失業給付・解雇規制などすべてが対象外でなんの補償もないのです。継続して仕事があるかいつも不安な気持ちで、時には報酬の支払いが遅れることも…。企業は正社員より「フリーランサー」の方がコストが安いとなれば、どんどん正社員の仕事を請負・委託・非雇用型テレワークに切り替える。なんと日本中が非正規に！　あるいは「労働者」が絶滅する…。

政府、財界が考えている「働き方改革」とは企業がどこまでも自由に利潤を増やせる**「働かせ方改革」**なんですね。その上決定的なことは、**「解雇の金銭解決制度」**の創設です。

これまで労働組合の力で解雇を撤回させたり、時には労働審判や民事訴訟で一定の金銭解決は行われてきましたが、あらたに「解雇の金銭解決制度」の創設を企んでいます。

安倍政権は「行き過ぎた雇用維持型から労働移動支援型へ」を掲げて大企業のリストラを「労働移動支援助成金」という税金を投入し「支援」してきました。これから電機産業では36万人規模のリストラが計画されています。「金銭解決制度」ができれば、労働者が訴えて裁判所が「解雇不当」判決を出した場合でも、使用者が金銭を支払えば労働契約を終了させ、事実上の解雇ができる。裁判で勝てるかどうか不安がある労働者には「解雇無効の判決でも給料12ヶ月分だ」と迫り、「金銭」を渡して「契約終了」つまり「解雇」が自由にできるという制度です。

過労死ラインまで働け、残業代はゼロ、非雇用型で無権利の条件で働け、カネさえ払えば解雇は自由…これでは「お先まっ暗！」ですね。

5 どうするこの日本

みなさん、こんな日本がいつまでも続いていいのでしょうか。政治の根本を変える方向は第6章で考えましょう。国民の多くは「経済」の仕組みに関心があります。安倍内閣は怖いけど、野党が政権をとれば、株価が下がり、経営が苦しくなり、雇用も賃金ももっと厳しくなるのではという率直な不安が多くの国民の中にあります。

みなさん、1960年代の「高度経済成長」とは実は、労働組合が毎年春闘で賃金を引き上げ、消費購買力が高まり、売れるから生産が増えたのです。大幅賃上げが高度成長の原動力でした。

生産と消費の両面から経済をみると、この20年、賃金が下がり続け、消費が落ち込んでいます。不況の最大の原因は雇用の破壊と長時間労働などの労働条件の破壊です。

350万人の完全失業者に半失業の短時間労働者や求職活動をあきらめている就業希望者を加えると、控え目に見積もっても1000万人を超える「産業予備軍」がいます。

森岡孝二氏（経済学者）は「過労死予備軍600万人と産業予備軍の1000万人の二極分化を解消する鍵は、サービス残業の解消にある。これを解消するだけで数百万人規模の雇用創出が可能になる。そればかりかこうしたサービス残業解消型のワークシェアリングは時短を可能にすることによって男性労働者の家庭参加や地域参加を促し、大量の正規雇用をあらたに創出することによって非正規労働者を大幅に減らすことを可能にする。こうした政策は一定の予算措置をともなうが、おそらく実現可能な選択肢のなかでもっとも小さく痛みがもっとも少ない政策だ」（「企業社会日本の盛衰と労働の諸問題」『季論21』11号、2011年、本の泉社）と述べています。

雇用破壊と長時間労働、そして法人税を1985年ごろの43・3％から2016年の23・4％まで下げたことで、日本の企業の内部留保は67兆円から400兆円に増えています。

この「富」のわずかでも、残業代の支払い、雇用改善に回せば労働者・国民の生活改善はできるはずです。私たちの願っていることは、「大企業をつぶす」ことではありません。

この巨万の富の一部でいいから社会に還元せよということです。

せめて大臣告示を上限にした罰則規定付きの労働時間の上限を労働基準法に明記し、サービス残業をゼロにし、非正規雇用を正規化し、真の意味の「同一労働同一賃金」を実現し、最低賃金も全国一律時給1500円にする…そんな「働き方改革」をなんとしてもやりたいですね。

毎日新聞による大企業121社を対象にしたAI（人工知能）導入調査では5割弱がすでに導入、導入予定を含めると7割が（2018年1月6日）。まだ直接的な要員削減にはつながっていませんが、AIやロボットの発展で仕事が奪われるという懸念が労働者・国民の中に確実に広がっています。しかし「社会の仕組み」を変えればAIやロボットなどの技術の発展により社会全体で労働時間を短縮でき、労働条件を大幅に改善できる条件が生まれています。（『学習の友』2017年11月号、『経済』2018年2月号友寄英隆論文参照）。AIが真に役立つためには、職場でのたたかいとともに政治そのものの変革を、とりわけ安倍政権を変える大きな運動が求められているのではないでしょうか。第6章でともに考えましょう。

［特別寄稿］

原発から自然エネルギーへ

（藤永のぶよ）

1 日本ならではの自然エネルギー・すばらしい温泉熱発電

①

（写真は著者撮影）

福島駅前から山あいへ30分ほどすすむと、清流荒川の流れに出会います。ところどころ湯けむりが上がっています。ここが目指す土湯温泉です。（写真①）

私は、ここに住民のみなさんの「つちゆバイナリー（地熱）発電所」の見学会にきました。土湯温泉は、磐梯朝日国立公園内に位置し、吾妻山系に囲まれた自然エネルギー豊かな地域ですが、これまでは地熱の利用などは許可されていなかったのです。硫黄泉で最高150℃の熱は、山奥の黒沢の豊かな湧き水と混合して弱アルカリ性で評判の温泉宿で使われてきました。

②

③

2011年3月11日午後2時46分、東日本大震災は土湯温泉街にも震度6と壊滅的な被害を与えました。16軒あった温泉宿は11軒に減り、観光客は、23万人から7万人までに激減しました。

震災から7か月後に立ち上げた復興プロジェクトが、復興事業のひとつとして2015年11月に立ち上げた温泉熱を活用した「バイナリー発電事業」は、出力400kW、年間発電量300万kWh・一般家庭約800世帯分の発電量です。FIT（固定価格買取制度）を活用して採算は充分とれます。（写真②）それればかりか副次的事業では温泉熱を使ったエビ養殖も発展しています（写真③）。

この発電事業は、いずれ自主発電・自力配電で地域を豊かに、雇用も生み出していきます。システムは意外に小型で、使用する化学物質もノルマルペンタンという溶媒だけで、周辺に危険を与える心配はありません。

産業技術研究所の調査では、国内では原発（大型原子炉）8基分にあたる833万kWの温泉熱発電容量があると言います。そして環境省は、国立公園内での地熱活用の規制緩和をしました。

温泉、湧き水、山あいの傾斜、日本ならではの自然エネルギー、何と素晴らしいことでしょう！

これだけではありません。海に囲まれた島国日本には、風力・海洋・太陽光・バイオマス・小水力などなど、現在の総発電量の12～13倍もの自然エネルギーの潜在量と技術があります。世界の先進国がそうであるように、原発・石炭火力優先から、再生可能エネルギー優先に切り替えていくことが必要です。

2 行き場のない放射性廃棄物、お先まっ暗の事故処理

福島市街の住宅の空き地には、今もグリーンシートにくるまれた除染ごみ・放射性物質が放置されています。持って行く先がないからです（写真④）。

④

（出所）著者が車中より撮影（2017年11月）中央下の四角い梱包が放射性物質と思われる

原子力発電最大の問題はウランという放射性元素の分裂熱を熱源にしていることです。したがって正常運転であっても、放射性物質は、大気中、温排水中、使用済み核燃料として排出します。ちなみに、副次的にでてくるプルトニウムは、既に日本で47トンも保有されています。プルトニウム1トンで核兵器が300発できると聞きましたから、日本には既に核兵器12000発分が保有されていることになります。

また、福島原発事故ではっきりしたことですが、事故処理でも、廃炉でも、高濃度放射性物質の扱いが難しい…ということです。放射性物質を含んだ汚染水を海洋に放出しないために、超高層建築で使われ

ている技術である周辺土壌を凍結させる方法「凍土壁」も、４００億円近くの税金が投入されたにもかかわらず、最近建屋地下部分からの漏水が止められないと発表されました。何という事でしょう（図⑤）。

また、運転時に出てくる放射性廃棄物（核のゴミ）の処理もお先真っ暗です。世界の原発保有国は、放射性廃棄物をそのまま処理する方法をとっており、ドイツでは地層処分（地下深く埋める）もしていますが、それでも、使用済核燃料の発熱で地下水があふれ、地上に掘り戻された事実があります。このように完全な処理方法がないことが、原発ゼロへ各国が方針転換する動機になっています。

ところが、日本では準国産燃料をつくるといって、使用済み燃料からプルトニウムを取り出しＭＯＸ燃料をつくる、お金と危険性の伴う循環型「再処理」を選択しています。

しかしそのための切り札だった「高速増殖炉・もんじゅ」は、危険性が高く活用不能だと判断し廃炉を決定しました。さらに、炉中に充満されている危険極まりない「金属ナトリウム」数百トンの取り出し口（コック）がないことがわかり（図⑥）、手の

福島第１原発―凍土壁の完成イメージ　⑤

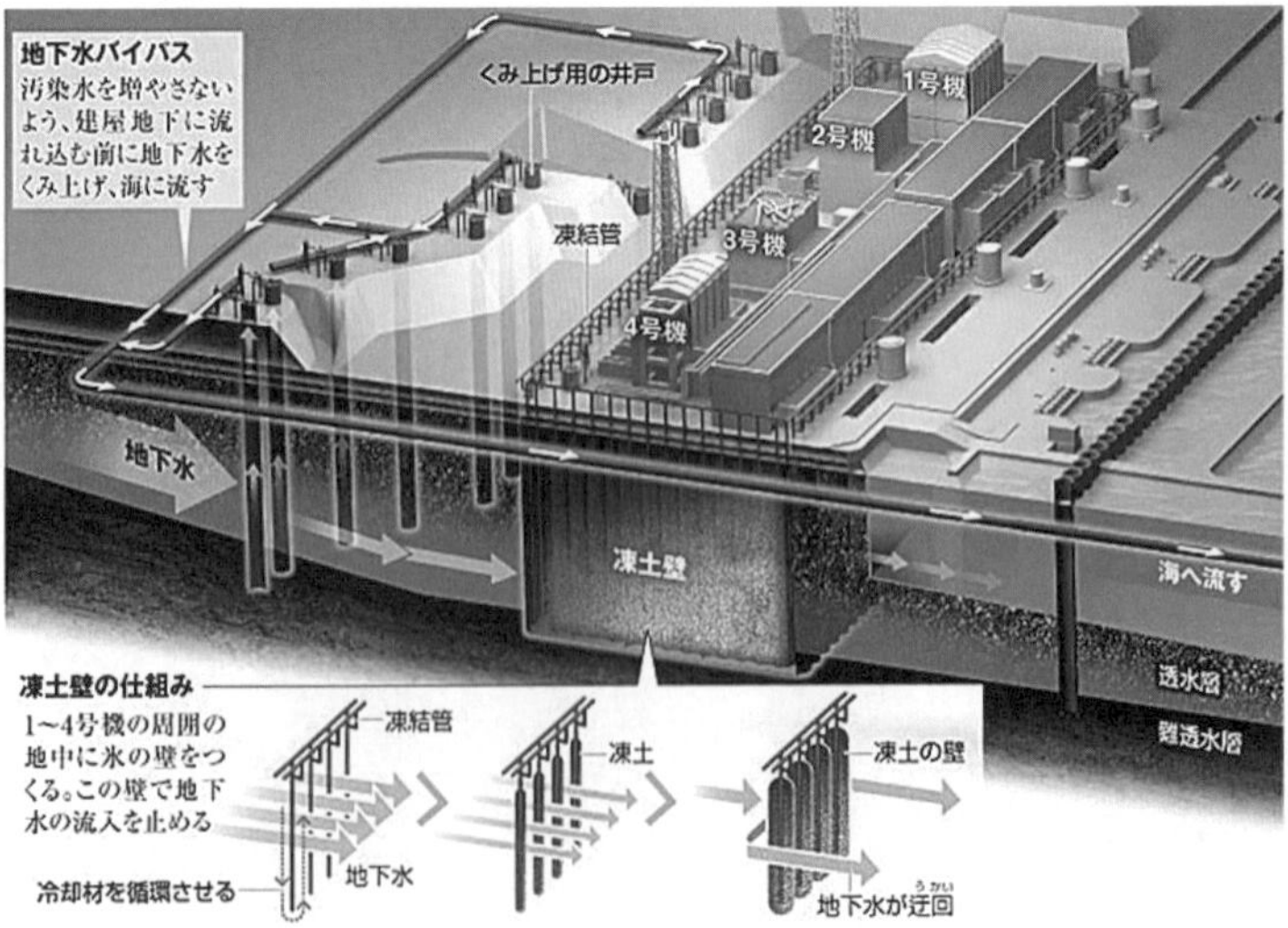

（出所）「朝日」2014年06月03日　朝刊より

施しようのない状態です。それでも、保全のために一日４９０４万円（２０１７年の管理費は年間１７９億円）が、税金や電気料金からつかみ取られています。何という事でしょう。

3 被害者切り捨て、でも天井知らずの事故処理費用

福島第一原子力発電所事故処理金額は、政府試算で21兆円でしたが、既に24兆円もつかっています。ただし、これには高レベル放射性廃棄物処理費用は入っていません。廃炉や事故処理に関わる技術部門にはジャブジャブとお金を使う一方で、未だ故郷に帰れない16万人や、事故処理が不充分な中で避難を余儀なくされている避難者への補償は打ち切るという、理不尽な仕打ちがなされています。

我がこととして考えてみましょう。

病院に行くと「放射線管理区域」と黄色い看板のかかったところがあります。

そこでの放射線規制濃度は年間5ミリシーベルトです。ところが避難地域を解除された地区では、空間線量年間20ミリシーベル

「もんじゅ」の構造（燃料体の移動経路）⑥

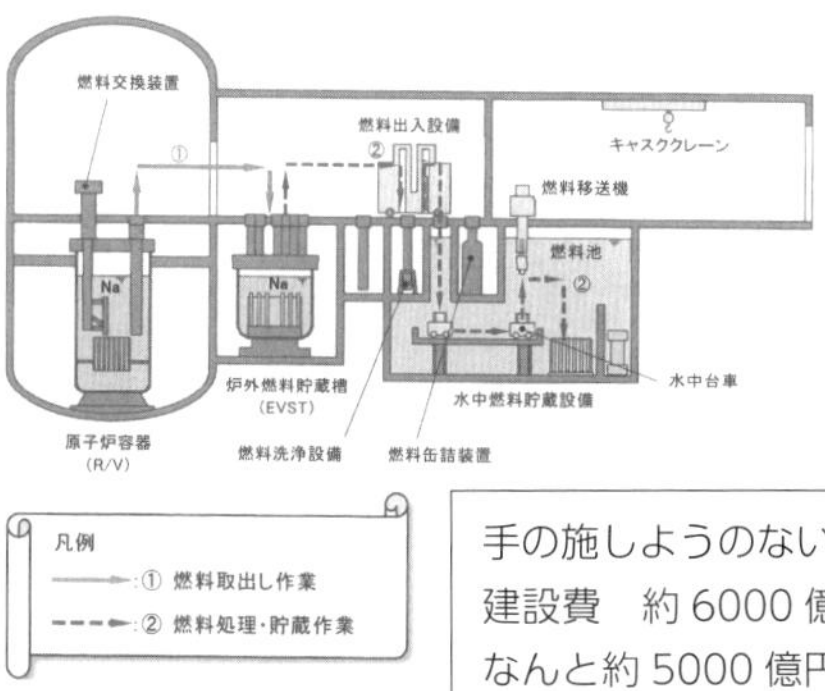

（出所）日本原研機構「もんじゅ施設廃止措置計画認可申請書」

手の施しようのない「もんじゅ」（右写真）
建設費　約6000億円、維持費1989～2017年・約30年でなんと約5000億円です。図は原子力研究所の廃止申請書によるもの。金属ナトリウム取り出し口がないことがわかる。危険なナトリウム数百トンが取り出せない、なんて。

トです。病院なら立入禁止です。普通の親なら、こんな高濃度な地域で子育てをしようと思いません。大阪への避難を敢行されているお母さんが言われます。「私の実家では、子どもたちは部屋の中でしか遊べないし、運動もできないのです。外で、太陽の光をいっぱい浴びながら育ってほしいのです」と。これを、わがままと言えるでしょうか？　さらに、この家族に空き部屋を貸していた大阪市は、強制立ち退きを迫り、このまま住みたいのなら30数万円の敷金と13～14万円の家賃を支払えと言います。

農業者の被害にも理不尽な対応です。例えば、福島県では汚染された桃の樹の皮をはがせという命令が下されました。その所為で収量が激減しましたが、因果関係が不明だといって補償されません。こういう実態の一方で、原発事故責任者である東京電力には、返金不要の助成金など温情措置を執っています。その結果、東電は利益を出し・株配当もしています。

何という事でしょう。

4　原発ゼロへ、希望を現実に

２０１７年12月13日、広島高等裁判所は「伊方原発再稼働を差止める」仮処分決定を出しました。この決定は、火山の噴煙・火砕流と原発の安全性に疑問を投げかけた画期的決定で、火山列島日本の原発に大きな影響を与えることでしょう。国民の７割が要求する原発ゼロを、「原発を運転させない」と言う実質的措置によって達成させる大きな意味のある決定です。

温暖化防止に向け、世界の国々は化石燃料にも原発にも頼らないエネルギー政策・再生可能エネルギー優先の政策を実践しています。設備容量では、既に再生可能エネルギーが石炭火力発電を上回りました。発電コストも競争可能な同じレベルに下がっています。

なにより、雇用数が増加しています（図⑦）。

日本初・原発事故被害を受けた福島、日本初・国立自然公園内で温泉熱発電を実践した福島。

原発ゼロには、洋々たる前途が拓けている、その時がいまです。

再生可能エネルギー関連産業により世界で約1000万人が雇用されている ⑦

（2016年の雇用数。単位：千人）

技術別＼国	世界全体	中国	ブラジル	米国	インド	日本	バングラデシュ	EU ドイツ	EU フランス	EU 左記以外のEU
太陽光発電	3,095	1,962.0	4.0	241.9	120.9	302.0	140.0	31.6	16.0	67.0
生物（バイオ）液体燃料	1,724	51.0	783.0	283.7	35.0	3.0		22.8	22.0	48.0
風力	1,155	509.0	32.4	102.5	60.5	5.0	0.3	142.9	22.0	165.0
太陽熱利用（冷却を含む）	828	690.0	43.4	13.0	13.8	0.7		9.9	5.5	20.0
生物（バイオ）固体燃料	723	180.0		79.7	58.0			45.4	50.0	238.0
生物（バイオ）ガス	333	145.0		7.0	85.0		15.0	45.0	4.4	15.0
小水力	211	95.0	11.5	9.3	12.0		5.0	6.7	4.0	35.0
地熱	182			35.0		2.0		17.3	37.5	62.0
集光型太陽熱発電	23	11.0		5.2				0.7		3.0
合計（大水力を除く）	**8,305**	**3,643**	**876**	**777**	**385**	**313**	**162**	**334**	**162**	**667**
大規模水力	**1,519**	312.0	183.0	28.0	236.0	18.0		6.0	9.0	46.0
合計（大水力を含む）	**9,823**	**3,955**	**1,058**	**806**	**621**	**330**	**162**	**340**	**171**	**714**

（出所）IRENA（国際再生可能エネルギー機関）
「再生可能エネルギーと雇用：Annual Review 2017」より

Chapter 5

第5章 ブラックデータ・エレジー

（北出　茂）

1 重苦しい空気はどこからやってきたのか

■企業は利益を出さなきゃいけないんです　～金を儲けて何が悪い～

みなさん、北出です。実は僕は、以前は、とある企業で管理職として勤めていて、かつ人を解雇する立場にありました。

年商300億円規模の本社の管理部門で、法務系統のいわゆる人事労務案件などをも担当する部門にいたわけです。ですから、勤務成績の良くない者を、安全に辞めさせるためのアドバイスのようなこともやっていました。

みなさんの中には、労務管理をしていた側の人間だというと、僕のことを悪い奴だと思われた方もいるかもしれませんね。でも、企業には**企業側の理屈**があります。利益を出さなきゃいけないんです。企業は利益を生み出し、税金を納め、雇用を守ることによって社会に貢献する。**儲けることのどこが**

悪いのか。ね、説得力あるでしょ（笑）。

他方で、企業は社会の公器なわけです。だから、コンプライアンスや適正化が要請されます。残念ながら、利益本位に傾くと、違法でも儲かったらいいんじゃないかという考え方に近づいて行ってしまう。つまり、あらゆる企業には「ブラック企業化」してしまう危険や誘惑がつきまとっているわけです。

だからこそ、**社会的な規制がないと、「違法であっても利益が出ればいい」という麻薬のような考え方はすぐに社会に蔓延してしまう**。歯止めが利かなければ、企業は、悲劇を生みだす舞台にもなりかねないわけです。

その後、僕は、ご縁があって、「働く」をテーマにしたNPO法人「働き方ASU‐NET」の理事や、ユニオンの書記長をさせていただく機会に恵まれました。

この章では、キャリアプランを破壊するブラック企業の「傾向」と「対策」について、お話をしていければと思います。

2 ユトリ世代の憂鬱《ゆううつ》 ～いじめんといて～

■ユトリ世代の相談・解決事例から ～「正しくキレる」という選択肢を～

現在、NPOや地域労組・労働相談センターに寄せられている労働相談のおよそ半数が、39歳以下の年齢層の方からのものです。青年層の雇用をめぐる問題は大きな割合を占めています。

そして、社会問題となっている「非正規雇用」（不安定雇用）や「ブラック企業」の問題もこの世代を直撃しています。ここで、いくつかの事例を紹介させていただきます。

事務職（猪山さん）〈事例5-1〉

～胸元を　見られて抗議したら　解雇ですって?!～

【当事者】猪山さん。30代女性。
【職　業】事務職
【相談内容】セクハラ・不当解雇
【交渉相手】社長
【結　果】解雇理由を変更させる。勝利和解。

とある会社で、働いていた猪山さん（30代・女性）の事案です。働いている間、上司の部長に胸元を上からのぞきこまれるセクハラ行為がたびたびあったそうです。何度か抗議したところ、3回目くらいに口論になってしまって、そのことが部長から社長に報告がなされて「職場の秩序を乱した」ということで、その場で懲戒解雇になりました。

労働組合に相談して解雇撤回の通知を送ったところ、会社から「解雇理由について、**懲戒解雇**ではなく、仕事ができないことを理由とする**普通解雇**に変更する」という旨の文書が届きました。

解雇という労働者の地位を失わせる処分の理由がいとも簡単に変更されたわけです。

会社にとって、上司が気に食わない人はやめてもらうということか、と思いました。

さすがに会社側もバツが悪かったのか、この事案は内容証明郵便でのやり取りと窓口交渉だけで無事に金銭解決に至りました。

エステシャン（真栄さん）〈事例5－2〉

～店長に　ゆとりゆとりと　いじめられ～

【当事者】真栄さん。20代女性。
【職　業】エステシャン
【相談内容】パワハラ・いじめ・不当解雇
【交渉相手】社長・店長
【結　果】謝罪を勝ち取り、勝利和解。

真栄さん（20代・女性）は、高校卒業後、専門学校に2年間通って、エステの会社に就職しました。

しかし、就職後、女性の店長から、**ゆとりゆとり**（＝「ゆとり教育世代」の意味）といじめられました。

どうしてこんなに仕事ができないんだ。どうして積極的に残って仕事を覚えようとしないんだ！

私たちの世代はもっとガムシャラにがんばったのに！　これだからゆとり世代はダメなんだ。と、いうような発言を浴びせられ続けました。

ついには、「辞めたらいいのに」という退職勧奨がなされるに至りました。本人がショックで休み、店長からの携帯メールに返信をしなかったら、「死んでいたかと思った」などの暴言を吐かれたうえ、突然の解雇をされたという事案です。即、相談。翌日、組合加入。当事者が、現場で働いている後輩たちのためにもなるからと、団体交渉を決意しました。

本件では、解雇に伴って2か月分の給料を払おうとしなかった事案でもあるのですが、その点も含めて、わずか1回の団体交渉により、無事、勝利和解を果たしました。

■狙い撃ちにされる青年労働者たち

紹介させていただいた事例もそうですが、労働相談を受けていると、とりわけ、青年労働者が狙い撃ちにされていると感じます。

なぜ、青年労働者が狙い撃ちにされるのか。なぜ、いじめ・ハラスメントに反撃できないのか。その理由を自分なりにまとめてみました。

① 闘った経験が乏しい。労働組合のない職場。個別に分断されている。

② 自信がない世代（ロスゼネ世代）。馬鹿にされている世代（ゆとり世代）

↓ 就職活動自体が自己否定の連続。一種のマインドコントロール

③ 職業的経歴が浅くスキルがない（非正規雇用の場合、そもそもスキルアップが困難）

④　非正規に転落することへの恐怖心（非正規雇用の場合、文句をいえば雇い止めにされる）
⑤　成果主義・結果主義の横行

もう少し早く相談しに来たら良かったのに、という事例も多いのですが、若い世代の労働者に「自責感情」が強い気がします。自分を必要以上に責めてしまう。

新入社員で「新卒切り」される方も多いんだけれど、まだ仕事の全体の流れもわからない状態で、がんばれるだけがんばったけど、やり切れずに辞める。

あるいは、過剰な業務を割り当てられて、こんな働かせ方はどうみても無理だという場合でも、本人にはそれが分からない。

「できないのは自分が悪いのだ」と自分で自分を追い込んでしまう。

がんばらないといけないという意識の強さが、むしろ若者が「壊れる」状況をつくり出しているような気がします。

■職場の中での孤立と向き合う

あと、職場の人間関係が希薄化している点についてですが、非正規社員だけでなく、正社員にもその傾向は見受けられます。こちらは、新自由主義というやつの潮流に乗って、「成果主義」が職場に導入された影響をモロに受けている気がします。「成果主義」が導入されて以降、職場では個々人の成果が追及されるようになった。仲間であるはずの同僚と競い合わねばならなくなったわけです。

その結果、「誰も自分を教えてくれない」という相談が新入社員からたくさん寄せられています。新人を教えたり、同僚同士で助け合うのではなく、出し抜くようになったわけです。労働の世界で「成果主義」が導入されて以降、職場の人間関係がズタズタになってしまったんです。

3 貧困世代の驚愕 ～使い捨てんといて～

■貧困世代の相談・解決事例から ～ブラック企業はなぜ登場したか～

働くことは素晴らしいことのはず。でも、現実は「ブラック企業」が蔓延している。なぜ、なんでしょうか。

労働相談を受けていて、あまりにも人を大事にしない企業が目立ちます。

もともと、戦後の雇用は、**終身雇用**と**年功序列型賃金**という「日本型雇用慣行」をその特色としていました。

ところが、1985年の労働者派遣法が「非正規化」の道を開きました。さらには2004年以降、急増した派遣労働者を、何十万人という単位でバッサリと切り捨てたことによって、日本企業にわずかに残っていた「まともな働かせ方」の最低基準が失われてしまったんじゃないかと思います。

ここでは、退職強要事例・解雇事例を紹介させていただきます。

システムエンジニア（儀野さん）〈事例5－3〉

～正社員に対する退職強要・パワハラ・メンヘル～

【当 事 者】礒野さん。30代女性。
【職　　業】ＩＴ会社・ＳＥ
【相談内容】会社から転職するように迫られる。パワハラ。メンヘル
【交渉相手】部長ら２名＋弁護士１名
【団体交渉】団交２回　↓　勝利解決!!
【結　　果】退職強要をやめさせることを明言させ、復職。

正社員として６年間働いてきた。仕事の量が減って、社内で仕事にあぶれている人がいるような状況。以前から転職活動をするように迫られている。同じような人が20人ほどいる。３つの資格を取ってスキル向上を示したが「評価しない」と言われる。毎週、個室に呼び出されて、明らかな退職強要を受ける。心療内科で適応障害と診断された。休職後、団体交渉により、パワハラ部長とは違う部署での復職、「時短などの復職プログラム」、「教育研修」つきの復職を勝ち取る。現在、無事に職場復帰しています。

金属系会社・営業社員（伊賀さん）〈事例５－４〉

～金曜クレーム・月曜解雇～

【当事者】伊賀さん。20代男性。
【職　業】金属系会社・営業
【相談内容】はじめて就職した会社で、取引先からクレームがあったとして解雇。
【交渉相手】社長など6〜7名
【団体交渉】団交3回　↓　勝利解決!!
【結　果】解雇を撤回させて完全勝利和解。

「取引先からクレームがあった」という理由で、解雇理由も示されないまま、不当に解雇された事案。

団交で、示された解雇理由は「取引先からクレームの電話があり、副社長が取引先に訪問し謝罪した」というもの。

「長い間働いていて、失敗をしないということがあるか?」「副社長が取引先企業に頭を下げて謝った事実があったとしても、そんなことで解雇事由にあたることは社会通念上ありえない。副社長が面白くなかった腹いせに解雇したと見るのがむしろ一般的な見方」だと徹底追及。取引先企業に「実損」が生じていないという言質も引き出しました(つまり、クレームがあったというだけ)。

その後、会社側弁護士が「会社の不法行為によって退職せざるをえなくなった事例」に言及しつつ、組合側の要求を受け入れる。会社側は、事実上、自分たちの違法行為を認め、解雇撤回。完全勝利解決を果たしました。

4 ブラック企業 と ユニオニズム

■なぜブラック企業が蔓延《まんえん》するのか　～日本型雇用を生み出した土壌とその崩壊～

ここで、みんなで一緒に考えてほしいんだけど、ブラック企業が蔓延《まんえん》するのは何でなんでしょう。

バブル経済崩壊以後、「失われた20年」と言われる長期不況の中、新卒者の就職でも、労働条件をほとんど聞くこともないまま就職していくケースが目立つようになりました。

入社してから、おかしな働かされ方をしていることに気づいて、労働相談に駆け込みます。転職しても条件が悪く、若者が辞めるに辞められない状況があるため、退職強要されても、心が壊れる直前まで耐え続けている。ヒアリングをしていくと、明らかな「ブラック企業」の事例があり、企業規模から言えば不自然なほど大量に採用して、どんどん使い捨てている。

結論としては、長期の不況と、「日本型雇用慣行」の崩壊が若年層世代を直撃したわけだけど。でも、単に不況だけが原因ではないんだよね。

そもそも**強者**と**弱者**とでは、対等な契約が結べません。

経営者や企業は言わば「化け物」です。彼らは、人や金を想像つかないレベルで動かしているわけですから。

だから労働者は「化け物」と相対しなくていいように、**社会法**で守られ、団結して自らの身を守ってきたわけです。

でも、その役割を果たすはずの労働組合があまりにも弱体化してしまいました。例えば、近年、ストライキを実施する労組はほとんど見られません。資本家と労働者の間には、ある時期まで、それなりの緊張感が存在しましたが、企業はもはやカウンターパンチを恐れる必要がなくなったわけです。企業は莫大な内部留保（400兆円）を抱え、従業員、労働者に還元をしなくなりました。

■個人加盟ユニオンの挑戦　～「分断された個々の労働者」を守る仕組みを～

ブラック企業では、労基法をはじめとする各種法令が守られていません。むしろ、法律を守らなかったり、脱法することによって、利益をあげているところに最大の特徴があります。

ブラック企業がはびこるその背景には、ブラック企業に対する歯止めや社会的制裁がほとんどないという現実があります。

企業の姿勢を変えさせるには、「企業が違法・不当なことをすることを許さない」という社会の監視の目にさらされなければなりません。その社会的強制力こそが企業を変える原動力になると思うのですが、社会の側がその力を失っているわけです。

「企業」と「分断された個々の労働者」が相対峙したところで、勝てますか。強者の横暴に歯止めをかけることができますか。じゃ、どうすればいいのか。やっぱり、健全な労働運動の復活は欠かせないんじゃないだろうか。

生きづらさを緩和して、解消していかなければいけない。そのために何が必要か。

僕は、労働組合（ユニオン）の再生を含めた**「分断された個々の労働者」を守る仕組みを構築していくことが必要**であると考えます。みなさんは、どう考えますか。

5 現状という扉を打ち壊せ!! 壊れた扉からは新しい風景が見える!!

■現状を打破する二つの方法 ～未来を切り開く連帯と社会運動をどうつくるか～

いろんな評論家の意見をきいていても、心に響かなかったりするのは、現場の実態からかけ離れたことを言っていたりするんですね。どういう分析をしたところで、現に追い込まれている人たちに、**直面する問題解決の道筋**を具体的に提起していかないと、我慢を強いるだけになってしまいかねない。

現状を打破するための一つ目の方法として、**実践的なワークルール教育の徹底**が必要だと思います。中学や高校で、憲法や労働基準法、社会保障法などの法教育を早くから行う必要がある。

でもね、労働三権があるってことは、みんな学校で教えられてきたわけ。だから僕は学校の先生を対象にした講演会などでは**「法律上の権利だけではアカン」**と言っています。権利とともに、それをどう活用し、守るか、「運動の仕方」を教える必要がある。「一人で会社に文句を言いに行ったら首になるよ。お店のみんな一緒にいくんだよ」という初歩から、労働組合や、市民団体の存在を教えることが必要だと思います。

テキストに書いてあることを読み上げるだけの教育ではなく、実践的な教育。団体交渉、訴訟に訴える手段、それを支援する労働NPOなどの団体や運動や仕組みがあることを提示していかないと。具体的な解決の道を示さないと。伝えるべきは、「生きた知識」であり、「生きる力」なんです。

二つ目の方法として、**社会的な問題として共有していくこと**が大切だと思います。

本当は、労働問題って、この社会の問題のはずなんです。でも、それが「個別化」「個人化」してしまっている。

個人加盟ユニオンが脚光を浴びていますが、自分のぶつかった労働問題は、自分だけの個別の問題ではなく、社会の問題であったりする。それが当事者にはわかりにくい。

だからこそ、若者たちがもっと横のつながりを持てればと思います。職場における横のつながり、そして社会的なつながりへと広げていけるか、そこが問われるのだと思います。

それからNPO的な社会運動、市民運動、地域の労働運動の役割も大事ですね。超党派的なネットワークは、過労死防止法の制定運動でも大きな役割を果たしました。

■あなたが輝けば、世界はきらきらと輝いて見える

相談者（当事者）の方は、はじめ、悩みを抱えてやって来られます。でも、来たら、居場所があるというか、すごくみんな明るくなっていく印象を受けます。

派遣で短期雇用を繰り返していたり、労働組合がない職場などでは、みんな、一人ぼっちだったりすることも多いわけです。

僕たちが主催している労働NPOのつどいやユニオンでのカフェ（交流会）では、工夫をしていることがあります。

それは、「多様な個性あるメンバーをそのまま受け入れる」。この包容力が必要だと思います。「一つの色」に染めるのではなくて、むしろ、いろいろなカラーがあっていいと思います。色で言えば「まだら模様」であっていいと思うんです。

ブラック企業などでは、ワンマン経営者といいますか、自分のやり方、自分たちのやり方に染めよう、という意識が強い会社が多いと思うんです。

この価値観に染まらないとダメなんだ。それに染まることができなければ、お前はダメなやつなんだ、と。

そこが、パワハラや、他のいろんな問題に繋《つな》がっているような気がします。

けれど、それでは「自分はダメなやつだ」っていうような自己否定の価値観に染まってしまいかねない。悪い風に出てしまっているのではないかと思うわけなんです。

ですから、そうではない、という、別の存在の肯定。そのままでいいんだ、もっといろんな生き方があって、いろんな考え方があっていいんだ、っていうような、そういう意識の解放、今までの価値観から解放が大切なのではないかと。

いわば、「個の存在の肯定」なんですね。心に括《くく》り付けた荷物を降ろして、自己肯定感を回復してもらう。そのための少しばかりのお手伝いができれば。

大丈夫!!

あなたは、世界にたった一人しかいない、大切な大切な存在なのだから。

大丈夫!!

たとえ「お先真っ暗」であったとしても、暗闇の中にどんな宝物が隠されているかわからないのだから。

ほんの少し、光が射せば、世界は全く違った輝きに満ちて見えるかもしれないのだから。

Chapter 6

第6章 民主主義ってなんだ？

(中田　進)

1　安倍政権がなぜ

みなさん！

北出さんは「現状という壁」を労働組合の力でぶち破れと訴えています。

職場で、地域でたたかうことと、そして仲間とつながり、働きかける力を身につけたいですね。

そして、なんといっても諸悪の根源、この政治の仕組みを変えたいですね。

それにしても、みなさんを苦しめている安倍政権がなぜ、国民から「支持されている」のでしょうか。ほんとうに不思議ですね。

■国民の声を反映しない選挙制度による「虚構の多数」

２０１７年10月22日の総選挙で自民党が２８４議席を獲得しました。「圧勝」です。

ところでみなさん、今の選挙制度をご存知ですか？

総選挙とは衆議院議員を選ぶ選挙です。総議席が465のうち比例代表が176、小選挙区が289議席です。議員の任期は4年ですが、解散されて総選挙になることがあります。

みなさんは投票に行かれましたか。総選挙は投票場で二枚の投票用紙に、1回目は小選挙区選挙で候補者名を書きます。2回目は比例代表選挙で政党名を書きます。比例は全国11のブロックにわかれ、それぞれの政党が比例の候補の名簿を示し順番をつけ、獲得した議席数の候補が当選します。小選挙区で落選しても名簿が上の方にあれば復活当選します。さて自民党は33％（相対得票率）獲得し66人当選。でも有権者のなんと17％！（絶対得票率）国民の2割も支持していないのです。小選挙区289議席のうち全国平均で48％の得票で、議席は75％の218人です。小選挙区とは全国をなんと289に細かく分けて、その地域で1票でも多く獲得して一位になれば当選。例えば五人が争い大接戦で21％で一位になったら当選。後の候補者に投じられた票は全部死票となり議席に全く反映されません。

なお、参議院は総議席が242で比例代表（全国）が96、選挙区が146議席です。任期は6年で3年ごとに半数の議員が改選され、1回の選挙では比例代表48人、選挙区73人が選出されます。

いま内閣を構成し政権を握っている政党を与党といいます。与党は自民党と公明党です。この二つの党がまとまって一人の候補を立てると、野党の候補を一人に絞らない限り票が分散して勝てません。公明党は創価学会という宗教団体が固い結束をもとに全国で支援します。公明党の候補者のいないところでも自民党の候補者がいれば支援します。すごい力をもっています。小選挙区制という仕組みのもとで自民党は有権者の17％の支持で61％の議席をとるという「虚構の多数」を占めています。民意を歪めるこの制度をみなさんどう思われますか。

2 民主主義ってなんだ

２０１５年「安保法制」という、戦後ずっと自民党でも否定してきた集団的自衛権を行使し、自衛隊が戦闘地域に出撃できるという憲法違反の法律が強行されようとした時、学生や若者、学者やママも立ち上がり、労働組合や民主的な団体や多くの市民が国会を包囲しました。テレビ、新聞でも大きく報道され新しい政治のうねりを感じました。

その時、ＳＥＡＬＤｓの若者が「民主主義ってなんだ」とよびかけると「これだ！」と大きなこだまがかえってくる。興奮しましたね。自分の生い立ち、人生、暮らしから、そのまま紡ぎ出された自然なことば、ただ平和のことだけでない、今自分が感じ考えていることを語りかけてくれました。

民主主義＝デモクラシーの語源は、ギリシャ語で「デモス・クラティア」です。デモスは「民」、「クラティア」権力です。民衆が主人公となって、政治を動かすということです。自分の意志で集まり、直接語りかける。これぞ民主主義って実感しました。

■人々の、ものの見方、考え方

それにしてもみなさん。労働者・中小零細業者・農民のみなさんの数はすごい。この多数の「民の」声が政治を動かせば、安倍内閣なんかふっとんでしまいます。なのになぜ自民党支持が一番多いのでしょう？

マルクスは**「支配的な思想は支配階級の思想だ」**といいました。一番、人々に広がっている「ものの見方」は、少数の支配階級が権力をもって自分たちに都合のいい思想をひろめているので、多数の人が現体制を「支持」したり、仮に「今の政治はおかしい」と思ってもあきらめてしまったりします。

人間は目の前のものを感覚器官を通して認識します。この認識がいつも目の前にあるもの「客観世界」と一致した正しい認識とは限りません。勘違い・早とちり・独断と偏見・思い込みなどで、結構「誤る」ことが多いので困ります。**「ありのままにみる」**ことは大切だと思っていても、それが大変難しいことなんですね。

ものごとの仕組みや法則、何が原因でその結果になったのか、なにとなにがどのように関係しあって、どのように作用しあっているか、どんなものがその運動の原動力になっているのか、これからどのように変化し、発展するのかなどはちょっと見ただけで分かるはずがありませんね。物質・存在に人間の認識をどこまでも近づける、物質を「根源」とみて意識はその「反映」とみる「ものの見方」が大切です。またものごとのつながりや運動、発展を深く捉えるものの見方も。こうしたものの見方は科学の発展にも大きな力を発揮しました。

人間はこの自然について随分長い時間をかけて、事実に基づき、調査し、研究し、実験し、一つまたひとつと究明してきました。でもわからないことだらけ。天文学者が宇宙について5%はなんとか…。すごいですね、まだ95%も未知の世界があるのです。脳科学の飛躍的な発展で人間の意識について多くのことがわかりましたが、過信してはなりません。意識の複雑な仕組み・働きはまだまだ未解明ですね。「脳トレ」は効果があることは確かですが、「道具」よりも、スタッフの心のこもった介護のなかで生きたコミュニケーションが「元気」のでる秘訣だそうです。それにしても自然科学の発展は目をみはります。

■なぜ政治は変わりにくいのか

さて社会や政治について人々の意識はどうでしょう。多くの働く人々がいまの社会や政治を「ありのままに」とらえることができたら歴史は動きます。ところがこれがなかなかやっかいで、お金のある人が権力を握り情報を操作します。都合の悪いことは隠し、嘘をつき、労働者・国民の立場に立つ情報や真実は隠したりゆがめたり、ときには弾圧して情報発信の自由を奪います。若者の政治意識の現状を考えましょう。２０１７年10月22日の総選挙の投票時の朝日新聞の出口調査を見てください（図表３）。

自民党支持が一番多く、５割に近いのは10代20代です。若者はまず投票率が低い。大きく落ち込んだのは衆院で小選挙区比例代表制が導入された96年（36・42％）。選挙制度の分かりにくさが投票意欲の低下を招いたのかな。その後も30～40％にとどまり、政権交代があった２００９年に49・45％まで急上昇しましたが、その後は再び30％台に。10月22日の選挙は過去最低の32・58％。20～24歳は29・72％と、３割を切る事態に。投票に行った30％のなかで自民支持が半数ということは若者全体の15％にすぎません。もちろん棄権したものの中にも自民党支持はあるでしょうけ

図表３　2017年衆議院選挙での世代別投票傾向（%）

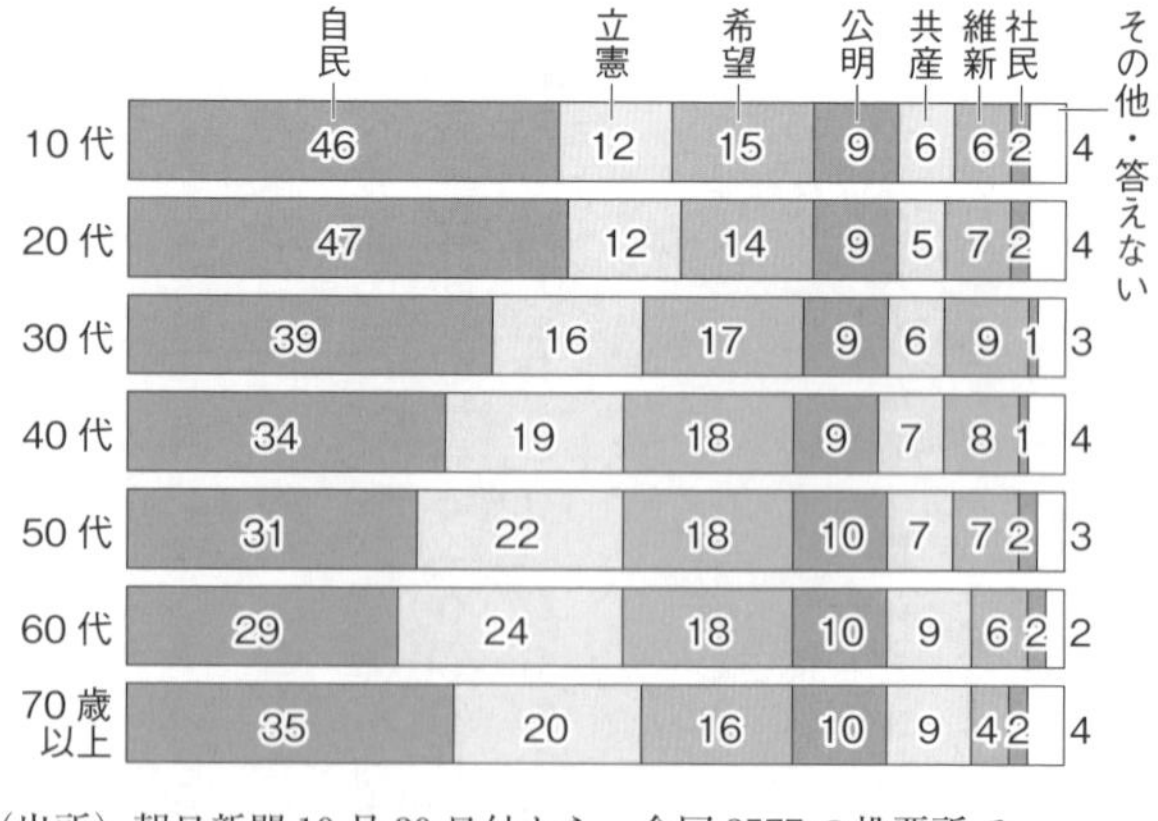

（出所）朝日新聞10月30日付から。全国8577の投票所で、計38万5826人の回答によるもの。

れど多数が自民党支持と言えるでしょうか。

みなさん、政治って分かりにくいですね。誰からも教えてもらうことなく、新聞・テレビもちゃんと伝えていない。問題は「自分」に引きつけて政治を考えない。これほど非正規雇用で悩み、また正規でも長時間労働で苦しい毎日を送っているのに、多くの仲間は「自分がわるい」と思っているんです。「努力が足らん」とどなられ、「おまえは能力がない」とバカにされる。努力が…といわれたら反省してまた頑張ろうと思うのですが、「能力が…」といわれると、もういまさらどうしようもなく自信を失い、そんな自分を責めて責めて苦しくなって行くのです。「自己責任」、いつごろからか、この言葉が多くの若者の心に突き刺さり、自己肯定感を喪失していきました。心が内にこもればこもるほど、外が見えなくなるのです。とじこもり、ひきこもり…寂しい毎日を送っています。

実はこの「自己責任論」は、国際社会のなかで「新自由主義」という思想の流れの中で生まれてきました。人々が作り上げた必要な規制を、全て取り払い、規制緩和でなんでも「自由」、やりたい放題の勝手主義が世界中に広がりました。医療や福祉や教育など国の責任で保障すべきものを、「小さな政府」ということで予算を削減し、サービスを「商品」として金で買えと言うのです。子育ての苦労も自己責任、老後の苦労も自己責任、奨学金が返済できないのも自己責任、失業しても解雇されても、労災でひどい目にあっても、過労死も自己責任！　競争に勝てばなんでもＯＫ。行き着くところが格差と貧困。いまや世界の８人の富豪の富が世界中の下層38億の人の資産と同じ額。日本は40人の富豪の資産が国民の下層・半数の総資産と同じです。

お金の力はすごい。財界は政権与党の自民党には莫大な資金を献金し、新聞社・テレビ局に莫大なコマーシャル代を支払いながら「内容」に圧力を、そして公共放送のはずのＮＨＫは、スタッフの奮闘でよい内容もありますが、アメリカや財界そして与党に都合のいい内容に偏りはじめ、受信料も権力によって取り立てるという最悪の事態になっています。そのうえ特定秘密保護法や共謀罪法が強行され、取材や報道・出版・表現の自由は奪われ、個人のプライバシーまで権力の監視下におかれ、まさにお先まっ暗です。

みなさん。社会や政治についてのものの見方は、どのように身についたのでしょうか。学校教育や新聞・テレビなどのマスメディア、そして企業のなかで社員教育、また親兄弟などの親族からの多くの情報で作られたのでしょう。

最近ではSNSで、いろんな情報が手軽に入手できますね。マクロミル（市場調査会社）が2017年に成人式を迎える新成人を対象に行なった調査によると、2017年は、Facebook、Google+、mixiに依然利用率の低下が見られるものの、2016年の調査では利用率が下がっていたLINEとTwitterが上昇しています。ネトウヨやフェイクニュースや気持ちの悪いものもありますが、みなさんはこうした情報とどう向かい合っていますか。

民主主義とは私たち国民が権力をにぎるということです。権力をにぎるとは国会に私たちの代表を送ることが基本です。問題は誰を、どの党を選ぶかです。

日本には多くの政党がありますが、情報があふれる中で何を基準に判断すればいいのでしょうか。資本主義は利潤最優先です。だから諸悪の根源である資本主義という仕組みそのものの変革をめざし、労働者・国民が権力を握り、主な生産手段を社会のものとし搾取のない社会へと発展させ、労働時間も驚くほど短縮し、人間の発達を保障する社会をめざす。このような理念で結成され、戦前・戦後一貫して戦争に反対し、働くものの味方となって95年たたかってきた政党は日本共産党です。

一方、アメリカと財界のいいなりの悪政を続けるのは自民党です。**経済を基本に**政党を判断すると「搾取する立場の財界の利益を守る自民党」と、「働く労働者・国民の立場の日本共産党」の二つになります。

■自民党と保守勢力の戦術

でも、自民党は、全国津々浦々に、村ぐるみ街ぐるみで大きな影響力をもち、地方選挙・国政選挙では、団体や会社、さまざまの組織を動かし、時には「お金」の力もかりて選挙運動をしています。自民党は２０１７年10月の総選挙では真っ赤な表紙の豪華なパンフを無料で配布しました。表紙には「この国を守り抜く」とあり、ひらくと「北朝鮮の脅威、そして少子高齢化、この二つの国難を前に…」と解散総選挙の根拠を示しています。そして自民党の政策として「子供たちの誰もが、どんなに経済的に恵まれない家庭に育っても、意欲さえあれば進学できる社会へ。幼児教育の無償化も一気にすすめ、全世代をあまねく支える社会保障制度へ、大きく舵を切ります」。自民党の実績として「正社員有効求人倍率初の1倍こえ、若者の就職内定率過去最高」と書いています。

すごいでしょう。過去数十年政権をにぎり、教育や福祉を貧しくしてきたのは自民党なのに、信じられますか？　それでもやはり宣伝効果はあったのでしょうか。

「いっしょに、日本を再建しよう！」「地方・地域の元気なくして国の元気なし」「自民党は、結党以来、国民の皆さんとともに歩んできました。今その原点に立ち返り、未来に向けて再び、皆さんとともに前進したいと願っています。」と自民党のホームページで入党を呼びかけています。

〝実績〟として誇る「正社員有効求人倍率初の1倍こえ」の実際はどうでしょう。仕事を探している人に人気の事務職では求人倍率は0・34。3人に1人しか仕事がありません。逆に介護職では3・63倍、建設業は2・9倍と高く、採用側は有資格者を求めるケースもあるので、1倍を超えても採用されるわけではありません。（『学習の友』2017年12月号・P7）

こんな事実は隠されて、自民党のパンフを見ると他の党より「ましか」という気持ちになりますね。自民党はテレビをつかって何度もコマーシャルを流しました。すごい宣伝力です。お金は財界からの献金やパーティー券代であつめ、政党助成金（国民一人250円。総額年320億円）を議員数に応じて約170億円を自民党が受け取りたっぷりあります。共産党は、国民からの税金を政党に配分する政党助成金はそもそも「思想及び良心の自由（憲法19条）」に反するので憲法違反だとして一円も受け取らず、企業・団体の献金も受け取りません。なんと共産党が受けとらなかった政党助成金の多くが自民党に渡り、宣伝に使われているのですね。みなさん、納得いきますか。

世論調査では自民党支持率は30〜40％、共産党の支持率は3〜4％。無党派層は30〜50％。「自民党を支持しています」が普通で、この本をいま読んで下さっているみなさんのなかで「自民党支持」がいらっしゃっても「普通」です。ネットの世界もすごいですね。共産党がツイッターで暮らしや平和を守る意見を「一言」かけば、恐ろしい言葉で「反論」がネットに。するとそちらには何万ものアクセスが。「安倍総理頑張れ！」と。

みなさん。「日本会議」ってご存じですか？　2000万のアジアの人を、310万人の国民の命を奪った「侵略戦争」を「正しかった」とする、およそ国際社会では通用しない思想の右翼集団です。安倍首相の夫人に忖度し、国家公務員が国有地を8億円も値引きした土地で小学校を作ろうとした森友学園も、国家戦略特区で今治市に獣医学部の新設が決まった加計学園も関係者は日本会議の幹部で、安倍首相夫妻と思想的に深く結びついています。この日本会議の本や「大阪維新の会」を立ち上げ知事に、そして市長になり「引退」した橋下徹氏の本もひろく読まれています。若者の多くは「維新がリベラル」「共産は保守」と誤解しているようです。

みなさん、「維新の会」の行政について現実をご存知でしょうか。

大阪の教職員は賃金を下げられ、多くが非正規になり、応募しても先生がなかなか集まりません。

大阪の府立高校の教職員の組合の声を聞いてください。

大阪府教育委員会は、「府立学校条例・再編整備計画に基づく平成29年度実施対象校案」の決定を強行しました。その内容は、「志願者が3年連続して定員に満たない」ことを理由に、府立長野北高校、府立柏原東高校を平成31年度から募集停止し、廃校にするというものです。これは、子どもたちの「学ぶ権利」を奪う、道理のない高校つぶしに他ならず、断じて容認できません。

そもそも、高校で学びたいと願う子どもたちの「学ぶ権利」を保障するために設置されている公立高校の「定員」は、「ゆとり」があって当たり前であり、「定員に満たない」ことを理由に高校をつぶすことに道理はありません。しかも、「定員割れ」は、2015年度の柏原東で9名、2016年度の長野北で3名など、ごくわずかであり、毎年200名を超える生徒が入学している2校の廃校は、地域の子どもたちの「行き場」を奪い「学ぶ権利」を直接侵害する暴挙です。

これが維新政治の現実です。

自民党支持の人も維新支持の人も自分の考えがあってのことでしょう。大切なことはどの党を支持していても、支持していなくても、政党支持の違いを超えて真剣に、事実をもとに語り合うことではないでしょうか。

主権は国民にあっても、国民が「主権者」としての自覚と見識をもち、行動できる力を持たないと、民主主義は実現しません。

ところでどの党が、どんな党なのか。いま政治の焦点である憲法をめぐる各党の態度をみてみましょう。一覧表を参考に語り合いましょう（図表4）。

3 野党は一つに！

自民と公明の与党の議員が多数で政権を握っているいま、野党がバラバラでは勝てるはずはありません。

2015年の秋、あの国会前で「民主主義ってなんだ」と叫んだ市民のみなさんが「野党は一つに！」と大きな励ましを送りました。「市民と野党の共闘」のうねりがこうして始まったのです。そして2016年の参議院選挙では話し合いを繰り返し、「統一した政策」をもとに一議席の32区のブロックでの候補を一人に絞るこ

図表4　主要政党の憲法に対する態度

改憲大連合	自民	公約で「憲法改正を目指す」とし、改正案を国会で発議し、国民投票を行い、初めての憲法改正を目指す。9条1項、2項を残して自衛隊を憲法に明記（安倍首相2017年5月3日）安保法制を強行、推進。	
	公明	自衛隊を書き込む安倍改憲に理解。改憲議論を進める。安保法制強行、推進。	
	希望	憲法9条をふくめ、憲法改正論議をすすめる（公約）。（安保法制を）適切に運用する（政策協定書）	
	維新	憲法9条の改正を明記（衆院選公約）	
憲法守る	共産	安倍政権による憲法9条改正に反対。現行憲法の前文を含む全条項をまもる。	安保法制を廃止し、立憲主義を取り戻す
	社民	憲法9条改悪に反対。活憲	
	立憲	「安倍晋三首相の『自衛隊加憲論』は、安全保障法制が存在する中でやれば違憲部分の追認になり、許されない」（枝野幸男代表）	

（出所）「新婦人しんぶん」2017年10月12日

とに成功し、見事11人も当選させました。これは自民党には衝撃だったと思います。

もしも、2017年の総選挙の小選挙区289の全てで野党が統一していたら大逆転していたかも。ところがです。小池百合子都知事が代表となって希望の党が登場。なんと「民進・共産・社民・自由の四野党」が繰り返し確認してきた公党間の合意や市民連合はじめ市民との約束を完全に裏切り、民進党が全員、希望の党に合流をめざすという、野党の分断・逆流が起こったのです。その後小池代表は「私どもの政策に合致するのかどうか、さまざまな観点から絞り込みをしていきたい。全員を受け入れるということは**さらさら**ない」

安全保障法制や憲法改正などへの賛同など、一定の条件を満たした候補者のみ合流を認める、つまり**「排除の論理」**を強調しました。これには多くの民進党の議員がショックを受けたと思います。共産党は「市民と野党の共闘」を貫く立場を表明し、社民党と緊急に会談し、全国20の区で共闘を決めました。その直後に立憲民主党が立ち上がり、選挙協力へとすすみ「立憲民主党・日本共産党・社民党と市民連合」が7項目の政策合意を結び、公示前の38議席から69議席と大きく前進しました。

野党といっても希望の党や維新は政策その他で安倍政権に対決する姿勢はありません。これは補完勢力で与党と同じ勢力ではないでしょうか。

みなさん。戦後の政党のあゆみを見てみましょう。どの党が誕生し、また消えていったかの図があります（111ページ参照）。随分たくさんの党が生まれては消え、生まれては消え…でもそのたびに国民の多くが新しい党に「期待」し、そして何度も裏切られてきました。与党に批判的な国民は「確かな野党」を期待しているのでしょうね。資本主義の利潤最優先とたたかい搾取のない幸せな将来を展望する労働者・国民の利益を守る共産党は、95年間ブレない歴史で存在感がありますね。

財界やアメリカの立場に立つ本質的に自民党と変わらない「野党?」をつくり、二大政党が政権を交代しながら、どっちに転んでも国民の不満を適当にガス抜きしながら安定した支配を続けることを財界はねらってきました。

ところが日本共産党を含む「市民と野党の共闘」が、ついに実現したところに劇的な意味があります。労働組合や民主団体・市民団体が要求を基礎にした運動を、粘り強く積み上げ、市民と野党の共闘を根付かせ、国民の期待を集める確かな野党による「連立政権」が実現したら暮らしや働き方は劇的に変わります。

なかでも、95年の歴史をもつ「ブレない野党」の日本共産党への期待や支持、運動の担い手が広がることが、何よりも安倍政権にとっては恐怖でしょうね。

仕事や暮らしで悩んでいる多くのみなさん、思い切って「政治」を「憲法」を「平和」「働き方」をいっぱい語り合いましょう。そして民主主義とは何かを考えましょう。

そのためにものの見方・考え方や経済の仕組み、社会の変え方などを根本から学べるテキストとして『現代を生きる基礎理論』(学習の友社)をおすすめします。

さて、みなさん。第7章では北出さんが、おかしなことに対して「声をあげよう!」と呼びかけています。しっかりと受けとめて下さい。

日本の主な政党の変遷（1990 年代以降）

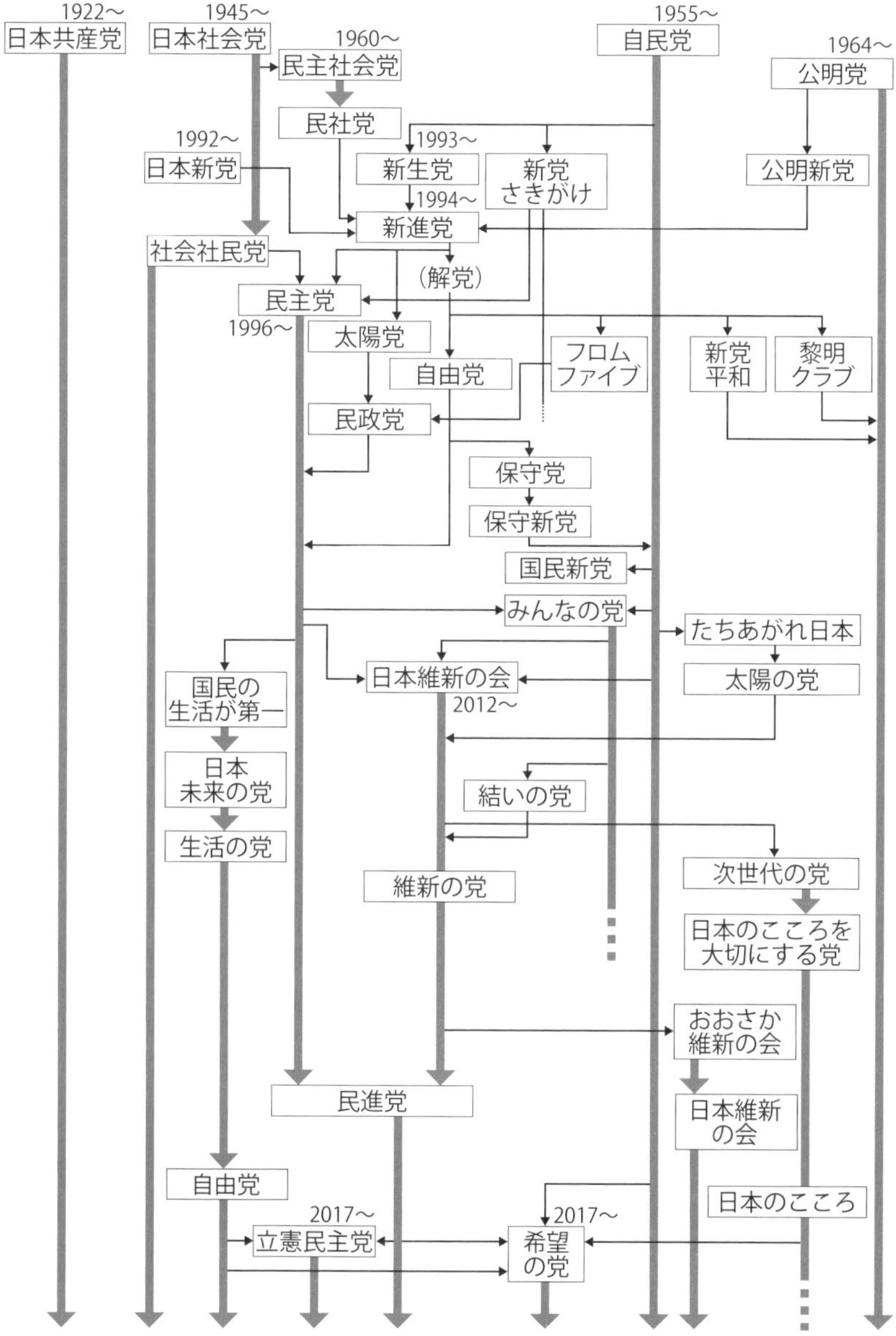

Chapter 7

第7章 明日のあなたの元気のために

（北出　茂）

1 現状を変えるために　～これまでの10年、これからの10年～

みなさん、いよいよ最終章です。いろんな相談を受けていて思うのですが、働かなくては生きていけない人がほとんどなのに、人間らしく働くことが難しい時代。「お先真っ暗」の時代ですよね。先行きが不透明で、信じられるものが何もないような状態です。

社会人になる第一歩がうまく踏み出せない人も多く、学生の就職問題に関する相談も多いです。働く者の権利を守る役割を果たしてきた労働組合の組織率も総じて低下してしまっています。

どうしてこういう状態になったのかについては、中田進先生が解説しておられますが、現在のように雇用の劣化が深刻になってきた原因は、金儲け優先の「新自由主義」が背景にあると考えられます。

でも、社会の「お先真っ暗」ということは、未来の在り方を自分たちで決めていけばいい、そうしていくしかないということの裏返しでもあります。

これではお先真っ暗！　どうする日本！

もはや、開き直るしかない（笑）。未来を自分たちの好きな色で塗ってやればいいわけです。**雇用の劣化**に対しても、**反撃の動き、巻き返しの動き**がみられます。

２００８年に派遣切りが大量に起こりました。年越し派遣村などが可視化され、雇用と貧困の問題が社会問題化される口火を切りました。僕も、それに刺激された一人（笑）。東京が発信源となったこの動きを、単発に終わらせてはいけないと思った。

そんなわけで、このちょっと後くらいから、自分の人生をぶちこんで、**「ブラック企業問題」**と究極の労働問題ともいえる**「過労死問題」**という2つのテーマで社会を席捲《せっけん》してやろう、日本を震撼《しんかん》させてやろう、そういう10年間計画をたてていました。

ＮＰＯ法人「働き方ＡＳＵ-ＮＥＴ」の活動では、年越し派遣村で有名になった湯浅誠さん、「下流老人」の著者である藤田孝典さん、さらにはＳＥＡＬＤｓ（シールズ）やＰＯＳＳＥ（ポッセ）で活動されてきたメンバーをシンポジストとしてお招きして、定期的にイベントを開催してきました。テーマごとに、マスコミを呼んだりして、社会問題化を図ってきました。

それから、地域労組おおさかという、いわゆる「個人加盟ユニオン」とか「一人でもはいれる労働組合」といわれる団体に入って、役員をして、ここを舞台に活動をしてきました。書記長などをしながら、労働相談を受けて、若者を壊す「ブラック企業」問題をマスコミにプレスリリースをしまくってきたわけです。

地域労組おおさかは青年部（全大阪地域労組協議会青年部）も元気で、２００８年には「闘う青年部」を合言葉にして、それ以降、青年層の労働相談を受付け、団体交渉を行ってきました。20代・30代を中心とした青年労働者が自ら労働相談から団体交渉を経て、和解までを一貫して行ってきた点では、東京の「首都圏青年ユニオン」に次ぐ存在感を発揮していたかもしれません。それから、他にもイベントを企画したり、様々な個性を持った魅力的なメンバーとともに活動してきました。現在も、紆余曲折がありながら、多くの方に支えられて頑張っています。

これまでの間、僕が「地域労組おおさか青年部」や「地域労組未来」で担当した争議でいうと、和解交渉による解決を含めていえば、小規模ながら100戦100勝くらいの大きな成果を上げて、確実に一定の役割を果たしてきました。

「ブラック企業」は2013年に**流行語トップテン**に入りました。2018年に刊行された岩波書店の国語辞典**「広辞苑」**（第七版）にも、第六版（2008年）の刊行後に定着するなどした新しい言葉として「ブラック企業」が追加されています。

労働NPOや全国にある地域労組（個人加盟ユニオン）は、これまで、「ブラック企業問題」「非正規問題」について、大きな役割を果たし続けてきたと思います。

もちろん、それは大勢の方の支えと、勇気をもって労働相談に踏み出そうと思ったひとりひとりの相談者の存在があったからこそです。追い詰められて労働相談に踏み出す若者が増えてきたからです。もっと積極的に、地域の労働組合や青年ユニオンに駆け込んで、組合員として団交等に参加して、問題解決をしていくという動きも広がりつつあります。

学生や若者が「ブラック企業」に関心を持つのは、違法な働かせ方に対する批判の現れだと思います。

2 「闘うこと」～「正しくキレる」という選択肢～ 意識の問題じゃなくて、構造の問題でしょ!!

僕が、ユニオンの書記長として社会問題化をしはじめた前の頃までは、若者が退職していくのは、企業の側に問題があるのではなく、働く上での**若者の意識が問題**だという論説が大手を振ってまかり通っていました。かつては、若者バッシングにつながるような、就労意欲、勤労観を問題にするニート、フリーター論――非正規が増えるのは若者の意識のせいだという議論――が主流だったわけです。僕は、労働相談を年間数百件も受けていたから、「それはちゃうやろ!」って、腹が立った。どう考えても「使い潰されて」壊されてから労働相談にたどり着いたような人たちがたくさんいたから。

これが本当に「自己責任」なのか?

「最近の若いもんは根性が足りない」のか?

2000年代以降、若者のニート、フリーターが増えたのは、間違いなく**社会的構造の変化**が背景にあるわけです。

「自己責任論」や「雇用のミスマッチ論」に対して、具体的な事例を一つ一つ提示して反論してきた結果、そういった論説では現実を説明できないようになりました。「ブラック企業問題」を社会に認知させることができたのは、まさに、**現場の側からの反論**をしてきたからではないかと思います。

だいたい、僕らがこういう活動をしてきたのは、社会のためでもあり、まともな会社を応援するためでもあるんです。正しい経営者がバカをみないように、ブラック企業がちゃんと淘汰されるようにすることは、**社会にとっても必要**であることはいうまでもないはずです。

「一人でも入れる労働組合」（個人加盟のユニオン）や「働き方を考えるＮＰＯ」が脚光を浴びつつあるのは、社会が要請する存在であり、時代がこのような存在を必要としているからだと僕は確信しています。

■「正しくキレル」という選択肢の実践としての事例紹介（相談・解決事例）

そんなわけで、ブラックなやり方に対して「泣き寝入り」するのではなくて、「正しくキレル」という選択肢があることを僕たちは提示してきました。要するに「不戦敗はあかん」ということなんです。

「戦って負けるのはしょうがないけど、不戦敗はあかん」

「あきらめたら、あかん」

「勝つか負けるかはわからへんけど、とりあえず、やってみよう」

そんな軽いノリで、僕らは、ときに「無謀」とも思える闘いに立ち上がり、勝利してきました。これについて、いくつかの事例を挙げさせて頂けたらと思います。

■人材紹介会社を経ての転職後、わずかひと月で精神疾患

製薬会社・営業開発（山沖さん）〈事例７－１〉

～ブラック転職～

【当 事 者】山沖さん。30代男性。
【職　　業】持ち株会社・営業開発
【相談内容】はじめて就職した転職した会社で、入社1か月で適応障害。試用期間解雇。残業代未払い。
【交渉相手】取締役ら3名
【団体交渉】団交2回→勝利判決!!
【結　　果】未払い残業代を全額支払わせる。傷病手当て金の受給。勝利和解。

転職後の会社でパワハラを受け、解雇に至った山沖さん（30代・男性）。彼はある会社に10年間勤めていました。しかし、いわゆるキャリアアップの為の転職を考え、人材紹介会社に登録を行いました。すると、レジュメをみた会社からオファーがあり、人材紹介会社からも「この会社は残業がほとんどない」などと実態と違うことを言われて、転職を決意したわけです。

転職後、いきなり、重い責任のある仕事を押し付けられ、月80時間以上の残業などにより、彼はわずかひと月で「適応障害」を発症しました。結局、3か月で試用期間解雇をされてしまった事案です。いくら、キャリア採用（中途採用）だといっても、転職後の会社では、書類1枚どこにあるのかわからず、パソコンのファイルのどこになにがあるのかわからない状態から仕事をはじめるのですから、それなりのOJT（業務をつうじての訓練）がなければならないと思います。

本件では、単なる私傷病ではないと主張して、団体交渉を行いました。

この事案にも関係しますが、人材紹介会社は、必ず転職先の会社のことを褒めます。特に、大量採用・大量解雇を繰り返している「ブラック企業」であればあるほど、人材紹介会社にとっては優良なお客さんです。

離職率の低い「ホワイト企業」の場合、一度紹介すればそれっきりです。しかし、離職率の高い「ブラック企業」に紹介すれば、数か月後にはまた人材紹介の依頼が入ってくるというわけです。

ちなみに、ある人材紹介会社は、一人、新しい会社に紹介すれば、紹介した労働者の年収の30パーセントが支払われる仕組みになっています。年収400万円の人材であれば、120万円です。

ブラックな転職事情を支えているのは、営利を重視した転職会社にも責任があるのではないかと思います。

■青年労働者や非正規雇用者だけの問題なのか

害虫駆除会社・事務員（佐島さん）〈事例7－2〉

～正社員なのに「日給月給制」、お盆休みがある8月の手取りは10万円を切ります～

【当 事 者】佐島さん。30代女性。
【職　　業】害虫駆除会社・事務員
【相談内容】残業代未払い、賃上げ要求
【交渉相手】社長ら3名
【団体交渉】団交4回　↓　勝利解決!!

【結　果】未払い残業代を全額支払わせる。一日1000円の賃上げをさせる。

正社員であるにもかかわらず「日給月給制」という給与形態で1日の給料が7千円。1月（正月）・5月（GW）・8月（お盆）などの休みが多い月は、手取りが月10万円を切っていた事案。

月給制との大きな違いは、日給月給制であると、例えば、お正月がある1月、ゴールデンウィークがある5月、お盆休みがある8月などは、給料の手取りがものすごく減ってしまうわけなんです。この彼女の場合は、30代の女性だったんですけども、お盆がある8月などは、手取りが10万円を切っていました。

彼女は一人暮らしをしていて、家賃や水道光熱費だけで数万円がかかります。これでどうやって生活するのか。

これに対して、「人がまともに生活出来ない給料っていうのは、まともな賃金じゃないんだ」ということで、賃上げ交渉をして、給料アップと事実上「月給制」に近い形とを勝ち取りました。さらに、未払いの残業代などをすべて支払わせた、という事案です。

この事案が印象深かったのは、解決のあとですね。

普通、ユニオンや労働組合から、団体交渉を申し込まれたら、ちょっと、引いてしまうじゃないですけど、過剰反応してしまう会社っていうのも、いくつかあると思うんです。けれども、この会社はユニオンから団体交渉を申し込まれたことを非常に喜んでいただいてですね（笑）。「勉強になった」っていうことで、「いろいろ指摘していただいてかえって良かった」と何度も仰られておりました。

実際に、この会社はそのあと、年に一回の健康診断を行うようになりました。さらに、違法な残業を撤廃して、就業規則の改定の際には、この従業員が労働者代表に選定されるなどしました。

彼女は、いろいろと職場の労働環境改善に貢献をしたわけです。交渉をしたことがきっかけになって、彼女だけでなく、職場全体の労働条件の改善にもつながる。いろんな波及効果があって、尚、相手の会社にも喜ばれている（笑）。良心的な対応をする会社の場合、その後も良好な関係が築けることもあるという良い例だと思います。そういう意味で、非常に印象的な事案として心に残っております。

ラウンジ・ホステス（比良さん・喜多さん）〈事例7-3〉

～あやうく深夜1時からの団交をするところでした～

【当事者】比良さん・喜多さん。20代女性2名。
【職　業】ラウンジ［北新地］・ホステス
【相談内容】労基法違反の給与天引き、違法ノルマ
【交渉相手】北新地のママ＋弁護士
【団体交渉】団交4回　↓　勝利解決!!（事務方会議1回含む）
【結　果】労基法違反の給与天引き（ノルマ罰金等）につき、全額を返還をさせる。

大阪でも指おりの歓楽街、北新地のホステスの団体交渉を担当させてもらったときの事例です。

北新地のラウンジで働いていた20代の女性2人から相談を受けました。夜のお店の業界は、法律があってないような一面もあるようです。

とにかく、労基法違反のオンパレード。

このお店でも、従業員に客のツケ（未収金）の回収義務を負わせ、回収できなかった分は給与天引き。さらに、雑費（綿糸代）、旅行積立金（本人らは旅行にいったことがない）も勝手に天引きされていました。

それに加えて、毎月の同伴ノルマが達成できなかった場合には「ノルマ罰金」。お店のイベント時に欠勤した場合には「イベント罰金」。罰金額は1回につき2〜3万円に及び、罰金の上限規定である日給の半額までという労基法にも違反。

その結果、1か月間働いたにもかかわらず、給料が払われる段階になったら、罰金額が給与から天引きされるというペナルティーにより、1円も支払われない。それどころか、支払われるべき給与の明細が「マイナス」になっている、という事案でした。

天引きや罰金は、そもそも所定の手続きを経ていないため、2重の違反（内容も手続きも違反）です。税法や風営法（風営法36条：従業員名簿）（風営法20条：営業時間）にも違反していました。

そのようなラウンジのお店に団体交渉を申し込んだわけですが、交渉も、一筋縄ではいきませんでした。

団交に応じてこない店側に対して北新地の店まで出向いて抗議をしたり、深夜1時からの団体交渉を指定した店側に対して、これに「応じる」旨を伝えると、逆に店側が驚いて深夜指定を撤回してくるなど、右往左往を繰り返しました。

20代の女性2人は、最後まで、凛とした態度で果敢に挑みました。その結果、最終的に、団交にて満額回答を勝ち取って勝利和解することができました。違法な天引きや労基法違反のノルマ罰金を全額返還させることができたわけです。この事案は非常に印象に残っております。

いわゆる、「違法が業界の常識」という世界ですが、この団体交渉の後、そのラウンジの経営者は、労働基準法の勉強をするようになったそうです（笑）。

社労士さんを呼んでの勉強会までして、熱心に勉強をしている、ということです。

3 声を上げれば世界は変わる ～声を上げだした若者たち～

■「ブラック企業の見分け方」

働いている方からの相談だけではなく、就職活動中の学生の方からもよく相談を受けます。「ブラック企業の見分け方を教えてください」という相談であったり、それとの裏返しですが、「入社する企業がブラックかもしれないのですが、どうしたらいいですか」という相談などです。

「失われた20年」と言われた長期不況は、大卒の4人に3人、高卒の半数しか正社員として就職できない就職難の時代でした。最近でも、そもそも正社員の募集枠自体が減らされていたりして、就職は容易ではありません。相変わらず、大卒の35％前後、高卒の45％前後が就職3年以内に離職しています。

離職した、あるいは（心や体を壊すなどの原因により）離職せざるを得なかった青年労働者は、多くが非正規労働者として働くことを余儀なくされます。

ブラック企業や過酷な働かせ方が蔓延しており、若者は劣悪な労働環境でも働かざるを得ない現状があります。

アドバイスとしては「何かあったらすぐに相談に来てほしい」ということと、「とにかく記録を付けてほしい」ということを伝えています。

それから、「正しくキレル」という選択肢があることを提示してきました。

■「不戦敗はあかん」

さて、話を元に戻します。「不戦敗はあかん」というお話でしたね。

「正しくキレル」、正しく闘うということが、なぜ大切なのか。

「勝つか負けるかはわからへんけど、とりあえず、やってみよう」

そんな軽いノリで、僕らは、ときに「無謀」とも思える闘いに立ち上がり、勝利してきました。

戦って負ければ、自分の弱さ、未熟さがわかります。社会の不条理や敵の弱点も見えてくる。だからこそ、次につながるわけです。**「失敗」という言葉たちは、「経験」という言葉たちに生まれ変わります。**

けれども、不戦敗だと何も残らない。「言い訳」や「後悔」が残るだけです。それだけでなく、不戦敗というのはクセになってしまいます。不戦敗を重ねれば重ねるほど、闘うことが怖くなっていきます。「逃げっぱなしの人生になってしまう」という落とし穴があるわけです。

実際には、「闘う決意を固めただけで勝っちゃった」というケースや、「闘っているうちに状況が変わる」というケースが数多くあります。

■「弱者」が「強者」と闘うために

だいたい「強者」は「弱者」を馬鹿にしているわけです（笑）。

今回、紹介させていただいたケースは、いずれも会社側は「どうせ反撃してこないだろう」「泣き寝入りするだろう」「100％勝てるだろう」と見込んで不当な行為に踏み切ったケースです。が、結果はご覧の通り（！）。

今、若者の間では「闘っても無駄」「闘ってもどうせ勝てない」という声が蔓延しています。

闘ってもどうせ勝てない、という声が蔓延していることに対して、「闘い方」の方法論と「闘って勝った経験」を、GETすることが重要だと僕は思います。

このあたりの喜び、というか、やり甲斐について、お話しさせてください。

まず、自分たちよりも強いものと闘うことは非常に怖いことです。初めての経験というのは不安が伴うと思います。

ただ、僕達は幼い頃から、ほんとうに子どもの頃から、初めてのことばかりをやってきましたよね。それこそ、「初めてのお使い」じゃないですけど、初めてのチャレンジをして、初めて出来たときの喜び。そういうチャレンジ精神や喜びを、大人になると、保守的になるのか、忘れてしまうんじゃないでしょうか。むしろ、社会に同調して、いろんな同調圧力の中で「型にはまった生き方」をさせられてしまっている部分があると思うんです。でも、そうじゃないんだ、と。

若者の間では「闘っても無駄」「闘ってもどうせ勝てない」という声が蔓延している。
← その2つの理由
①「闘い方を教えられていないこと」
②「闘って勝った経験が乏しいこと」
← だったら、
「闘い方」の方法論（①）と、「闘って勝った経験」（②）をゲットして、レベルアップすればいい。

こういうことなんです。方法論と経験をゲットしてレベルアップすればいいわけなんです。**アメリカでは「1%と99%の闘い」と銘打った闘いが繰り広げられて、世界中に広がりをみせました。**「1%」の側の人数は限られています。だから、闘う人間が増えれば増えるほど勝機は広がっていくはずです（笑）。

4 ラストメッセージ ～おかしなことに対しては「声をあげる」という選択肢を!!～

そんなわけで、僕からのラストメッセージです。

心や体が壊されてしまう前に「正しくキレる」という選択肢を!!

おかしなことに対しては「声をあげる」という選択肢を!!

これまで様々な人たちが声をあげたからこそ「ブラック企業問題」では世論を喚起して、政治をずいぶんと動かすことができた。「過労死問題」では過労死防止法という法律までつくることができた。どちらも、当初は「そんなん無理やん」って思われていたことのはずです。

様々な人たちが声をあげた。僕たちは、本気で動いた。そして、僕たちは連戦連勝を重ねています。この現実をしっかりと見てください。

言葉はときに無力で、「体で覚えたこと」を言葉で伝えるということはものすごく困難であることを僕は知っています。

相談者は、「働き方を考えるＮＰＯ」に相談すること自体がはじめてであったり、もともと労働組合など存在しない職場で働いてきて「ユニオン」がどういう役割を果たしているかすら知らない人がほとんどです。

僕自身も、もともと、正義など相対的なものにすぎないと考えていました。正義を振りかざす運動などが、あまり、好きではありませんでした。ただ、今では、少なくとも**「命や健康はかけがえのないものだ」**という価値観は普遍的なものだと思っています。

だって、働いている人たちや、これから働こうとする人たちが、人間らしく働ける環境を求めることは、当たり前のことですよね。

僕は、労働ＮＰＯやユニオンで活動していく中で、「人が立ち上がる、まさに、その瞬間」を目の当たりにしてきました。そして、多くのメンバーの「勝利した、まさに、その瞬間」を目の当たりにしてきました。

初めてのチャレンジをして、初めて出来たときの喜び。例えば、団体交渉で、会社に対して、社長や経営層に対して、堂々とモノを言う。そして、それによって、要求を実現する。あるいは、満額回答とはいかなくとも、一定の結論、つまり、落としどころですね。何らかの譲歩を引き出すっていうのは、非常に貴重な経験だと思います。

異常な社会を変えていくためには、その**原因を提示すること、構造的矛盾を提示すること**が、何よりも重要です。現状を打開するためには、苦しい人は「おかしいと思うこと」に対してどんどん声をあげていくしかないと思います。

これまで紹介してきたように、実際に、自分が、仲間が、職場が、経営者が変わるということがたくさん起きています。

先行きが不透明で、信じられるものが何もないような「お先真っ暗」の時代だからこそ、何も書かれていない白紙のキャンバスに絵を描くように、未来を自分たちの手でつくっていけるチャンスなのかも知れません。言葉では伝わらないかもわからないですけども、「やったら出来る」「やったら出来た」という経験を、ぜひ、今の若者や、様々な困難な状況にある人にも知ってもらいたい。そう思っております。

今までできないと思っていたことができた瞬間。その瞬間の「鳥肌がたつくらいに感動する」感覚は、僕の乏しい語彙《ごい》では、とても言い表すことができないのです。

だから…、みなさんも遠慮しないでどんどん声をあげてください。何かを変えることができたその瞬間を、感覚を、体感してください。経験してください。そして、幸運をつかんでください。あなたのために。仲間のために。そして、世の中のために。この国の未来のために。

僕たちはその闘いを応援します。最後まで読んでくださってありがとう。

エピローグ

みなさん、いかがでしたか。北出さんの労働相談と勝利を重ねたたたかい、そして暖かいメッセージ、励みになりますね。藤永さんの原発に代わるエネルギーも期待できます。お二人とも実践をふまえての貴重な提言で、素敵でしょう！　感謝します。お二人とも魅惑的な毎日を送っておられます。素敵ですね。

藤田孝典著『貧困世代』（講談社現代新書）は衝撃でした。非正規雇用の拡大で多くの若者の暮らし、人生が破綻、ブラックバイトやブラック企業で壊される心と身体、何百万円もの奨学金のローンが非正規で少ない賃金から20年も……そのため返還の延滞、国民年金保険料や国民健康保険税もあまりにも低い賃金で当然滞納、独立して家賃が支払える賃金でなく住宅の「社会的支援」もないため、いつまでも実家暮らし、結婚・出産も「贅沢」、世界でダントツの若者自殺率（10万人あたり20人。フランス10、ドイツ8、イタリア4・7）。雇用環境の激変を一因とする、一生涯の貧困が宿命づけられている世代を著者は「貧困世代」と呼び、「監獄から出られない囚人たち」ととらえ、総合的かつ複合的な視点から鋭い問題提起をしています。15歳から39歳まで3600万人の「貧困世代」はそのまま、あっというまに「下流老人」となる…。社会福祉政策が若者の貧困に向かいきれていないいま、「若者たちの悲劇」を理解し、早急に救済する手立てを確立しないと日本社会は絶望だと警告を発しています。

まさに「お先まっ暗」です。藤田氏は最後に重要な提言をしています。労働組合への参加、給付型の奨学資金、子どもの貧困対策、家賃補助制度の導入と住宅政策の充実など、さらに財源は富裕層からの税負担を中心に提起しています。そして、「反貧困の運動」が階級間の利害関係をはっきり示せず新しい社会システムを構築する緊張感あふれた議論も起こせなかったことを反省し、若者に声をあげ自ら主体的に社会システムの変革に向かって立ち上がることを呼びかけています。

本書はこの呼びかけに応える一つとして、すべての若者に心をこめて贈りたいと思っています。

職場・地域・学園で、できることから運動を起こし、学び、楽しみながら長期の展望をもって、人生をかけた「運動」に参加されることを願っています。

「お先まっ暗」な「こんな日本に誰がしたのか」を学び、心からの「怒り」を持って「敵」をとらえ、「働くものの立場に立った党」がどんな政策をもって、人々の幸せのために苦労を乗り越え、気が遠くなるほど長い長い期間、奮闘してきたのか、自分をそして国民を幸せにするのはどの党かを見極め、主権者として誘いあって「投票」に行き、どうしたら当選させることができるのか、どんな工夫がいるのか、心に響く言葉を練り上げ、応援し、積極的に挑みませんか？

たった一度の人生です。ドラマチックに生きていきましょう。


（中田　進）

【著者略歴】

中田　進（なかた　すすむ）

1937年生まれ。京都市出身。
京都府立大学卒業後、大阪府公立中学校教諭を経て、労働者教育に専念。
関西労働学校などで講師。関西勤労者教育協会副会長。労働者教育協会理事。
著作　『働くこと生きること』学習の友社、1986年
『自分らしさの発見』新日本出版社、1998年
『人間らしく自分らしく』学習の友社、2004年

北出　茂（きたで　しげる）

1974年生まれ。大阪府出身。
経営コンサルティング会社で法務部（課長）を務めた後、ＮＰＯ法人、労組などで活動。
地域労組おおさか青年部書記長、地域労組おおさか執行委員などを歴任
ＮＰＯ法人「働き方ASU-NET」理事、過労死防止大阪センター 幹事
近年は、年間約200件の労働相談に関わる。
著作（共著）『過労死のない社会を』岩波書店、2012年

藤永のぶよ（ふじなが　のぶよ）

大阪しろきた市民生協　専務理事　などを経て、
市民共同発電所全国フォーラム事務局長、ＮＧＯ　おおさか市民ネットワーク　代表、
大阪自治体問題研究所副理事長、大阪から公害をなくす会副会長、CASA理事
カジノ問題を考える大阪ネットワーク、子どもの貧困問題大阪ネットワーク
著作（共著）『地球環境の基礎知識』学習の友社、2005年
『原発はイヤ！だから自然エネルギー―デンマークが教えてくれる日本のこれから』日本機関紙出版センター、2011年

これでは　お先まっ暗！

発行　2018年3月15日　初　版　　　定価はカバーに表示

編著者　中田 進

発行所　　学習の友社
〒113-0034　東京都文京区湯島2－4－4
TEL 03(5842)5641　FAX 03(5842)5645
郵便振替　00100-6-179157
印刷所　（株）教文堂

落丁・乱丁がありましたらお取り替えいたします。
本書の全部または一部を無断で複写複製（コピー）して配布することは、著作権法上の例外を除き、著作者および出版社の権利侵害になります。発行所あてに事前に承諾をお求めください。

ISBN 978-4-7617-0708-8 C 0036

筒井 晴彦（労働者教育協会 理事）著

8時間働けば ふつうに暮らせる社会を

働くルールの国際比較2

ストップ安倍「働き方改革」。世界基準はこれだ！好評の『働くルールの国際比較』の著者が、世界の労働者をめぐる環境の変化と、新しい調査にもとづき書き下ろし。

ＩＬＯ条約が具体化しているディーセント・ワークや、ジェンダー平等の考え方などもふまえ、先進国であれば当然に実現可能な働くルール改革の対案を提起！

第1章 社会正義の新しい時代へ
第2章 ジェンダー平等の促進
第3章 雇用保障のルール
第4章 人間らしい労働時間をめざして
第5章 世界がみとめる最低賃金制の役割
第6章 「官製ワーキングプア」をなくす
第7章 公務労働の国際基準とはなにか
第8章 公務員の労働基本権保障はどう発展してきたか
第9章 企業の社会的責任―ビジネス分野における人権擁護
第10章 労働者のたたかいがルールをつくってきた

一四〇〇円＋税

木村 孝（勤労者通信大学）編著

21世紀をつくる君たちへ

最新刊

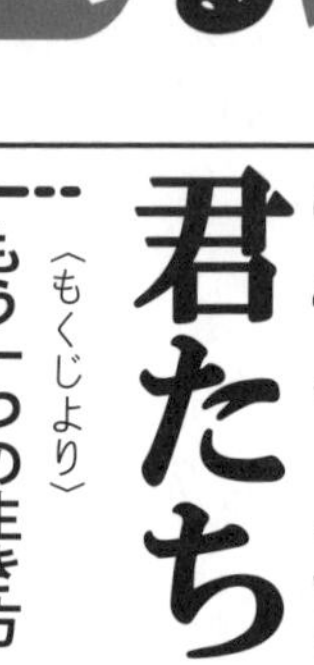

〈もくじより〉

もう一つの生き方
——ホセ・ムヒカから学ぶ 村本 敏（勤通大 哲学教科委員）

社会を見る眼を養う 木村 孝（勤通大 哲学教科委員）

人間が個人として尊重される社会を
——日本国憲法をどう活かすか 牧野 広義（阪南大 名誉教授）

資本主義をのり超える主体を育む 岩佐 茂（一橋大 名誉教授）

人間にとって教養とは？
——人間の「類的本質」の実現 村瀬 裕也（香川大 名誉教授）

共同発電・おひさまフェスに集う若者たち 田辺 勝義（勤通大 哲学教科委員）

勤労者通信大学講師陣が贈る
生きるための哲学！

一八〇〇円＋税

〒113-0034 東京都文京区湯島 2-4-4
郵便振替 00100-6-179157
学習の友社
TEL 03-5842-5641
FAX 03-5842-5645